澤木耕太郎

香港・マカオ

陳寶蓮 譯

黃金宮殿

SAWAKI Kotaro

深夜特急

第1便 黃金宮殿

1

特別版作者序

重生——致臺灣的新讀者

從去年到今年，日本的TBS廣播電臺播放了一檔朗讀《深夜特急》全文的廣播節目。這個節目在每晚十一點左右播出約三十分鐘，雖說是週一到週五連續播放，卻也持續了將近一年之久。

朗讀者是演員齋藤工先生，他在繁忙的行程中，完成了這一年的朗讀。

我從二十六歲開啟的《深夜特急》之旅，也是一段歷時整整一年的漫長旅程。然後，我將這趟旅程寫成三部遊記出版，耗費我人生中好長一段年歲。

不過，朗讀《深夜特急》並將全書有聲化的過程，似乎也需要極其龐大的時間和精力。每晚，齋藤先生那低沉柔和的聲音從廣播中流瀉出來。我在聆聽他朗讀《深夜特急》時，往往感到奇妙，暗忖著這真的是我寫的文字嗎？

因為他的朗讀，這本書變得更加有趣、驚險、幽默、哀傷，有時則顯得無比美麗。

回想起來，二十多年前，《深夜特急》曾被改編成電視劇。

主角是大澤隆夫先生。如今，他已是日本電影界舉足輕重的演員，能夠駕馭形形色色的劇中人物，但當時他還是一位乍看之下有些青澀、對未來充滿迷茫的年輕演員。

然而，就像當年二十六歲的我，為了拍攝，大澤先生也展開了橫越歐亞大陸的長途旅行。在這段旅程中，他和我一樣有所改變，成為一位既勇敢又堅韌的演員。

拍攝歷時約三年。我在拍攝的最後一站倫敦迎接攝製組。當時，我觀察到大澤先生因為旅途中的勞頓，整個人顯得消瘦黝黑，卻也同時驚訝地發現，他似乎變得更強壯了。

齋藤工先生和大澤隆夫先生這兩位日本優秀的演員，透過聲音和影像重新詮釋《深夜特急》，賦予了這部作品新的生命力。

不，也許不只是齋藤先生和大澤先生，所有《深夜特急》的讀者都經由閱讀這本書，讓《深夜特急》的世界再次躍然紙上。無論是少年、青年、中年、老年，無論是男性還是女性，讀者與主人公「我」一同遠征歐亞大陸的盡頭，一同為作品注入新的活力。

《深夜特急》的主人公「我」，也就是新的讀者「你」。我由衷盼望《深夜特急》的世界能充滿朝氣地重生在你我面前。

澤木耕太郎

第一班車　黃金宮殿

目次

特別版作者序　重生——致臺灣的新讀者　2

第一章　晨曦　起站　11

整理公寓房間，連書桌抽屜裡面的一圓硬幣都不放過，湊成一千五百美元的旅行支票和四百美元現金，拋下一切旅行去也……

第二章　黃金宮殿　香港　31

我下榻在名為黃金宮殿的奇妙旅店，狂迷地逛遍整個香港，瀏覽、攀談、暢笑、吃吃喝喝。香港每天都像過節一樣……

第三章　骰子之舞　澳門　97

離開香港的喧囂和熱狂，我順路往澳門喘口氣，迷上了名為「大小」的骰子賭戲——吆五喝六、押大買小，直到荷包空空……

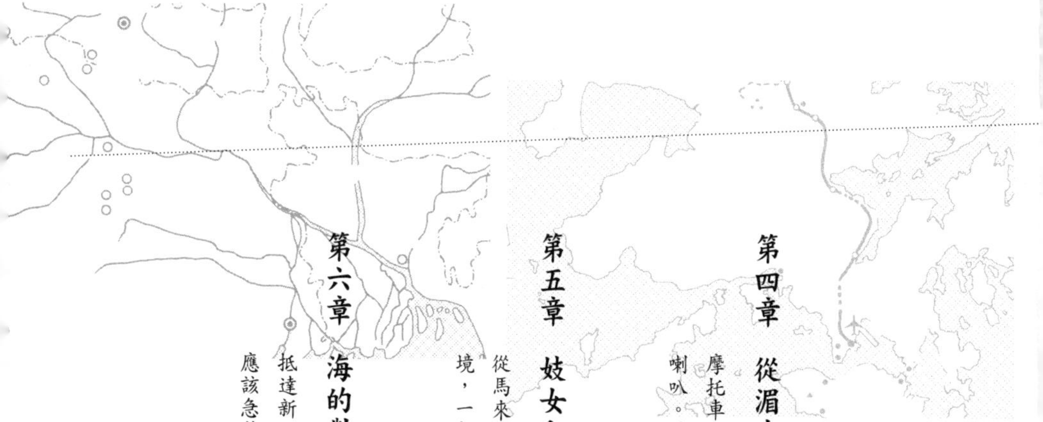

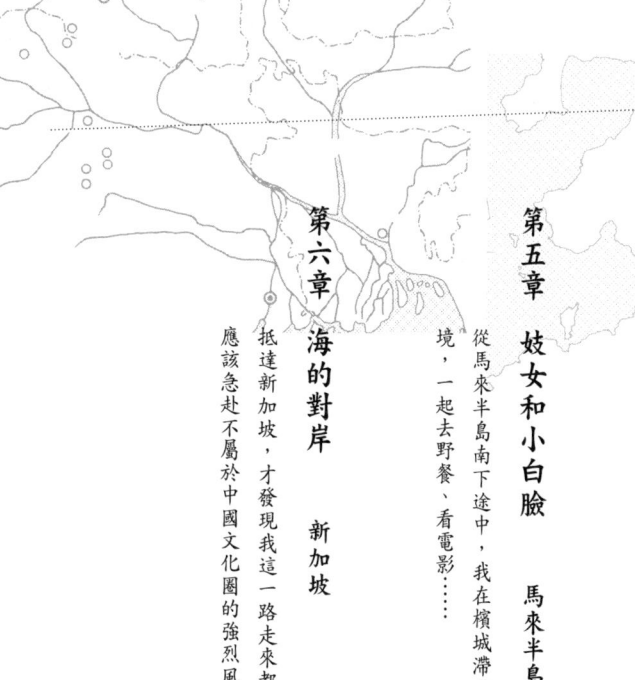

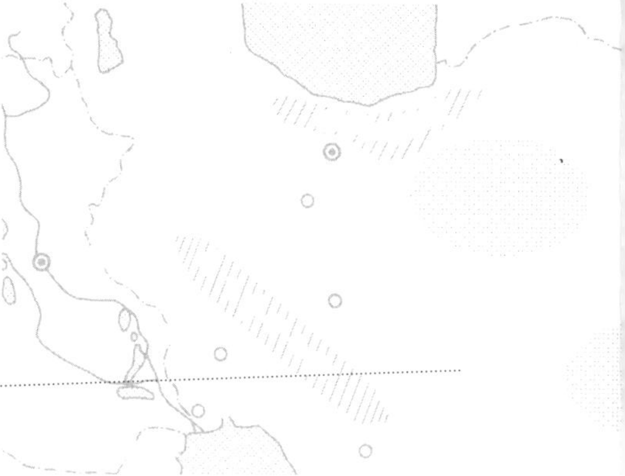

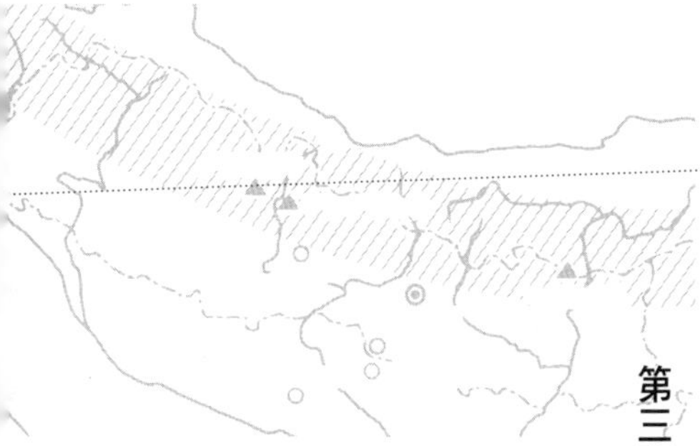

第二班車　波斯之風

第三班車　飛光啊！飛光啊！

黃金宮殿

第　一　班　車

深夜特急（midnight express）是土耳其監獄裡外籍受刑人之間的暗語。他們稱逃獄為「搭上深夜特急」。

第一章 晨曦

起站

1

那天早上醒來時，心想不能再這樣猶豫不決了。

我在印度的德里，正迷惘著是該南下臥亞（Goa），還是北上喀什米爾？

聽說臥亞是嬉皮的樂園。雖然不知道那是什麼樣的樂園，至少，只要在德里或加爾各答數分之一的花費就可以在那陽光燦爛的臥亞海岸輕鬆過活的說法不假。

另一方面，喀什米爾是印度的高級避暑勝地，雖然不能期望像在臥亞那樣輕鬆生活，但那是我心嚮往、唯一能近距離仰望終年瑞雪封頂的喜馬拉雅群峰的地方。

（是選擇金黃的臥亞呢？還是銀白的喀什米爾呢？）

我拿不定主意，就這樣迷惘不決地留在德里，無所事事地過日子。

離開日本就快半年了！

我整理公寓房間，連書桌抽屜裡面的一圓硬幣都不放過，湊成一千五百美元的旅行支票和四百美元現金，拋下一切旅行去也。

對我來說，這一千九百美元是一筆大錢，但實際啟用後，消耗速度快得驚人。旅行再怎麼省，也不能餓著肚子不吃、不找地方睡覺。當我一張又一張用掉那疊越來越薄的旅行支票時，難免產生究竟還能再旅行多久的不安。

但是，那天早上我直覺不能再這麼蹉跎延宕，未必是為了錢的因素。

生活在德里

德里是由新德里和舊德里兩個地區組成，我下榻的旅館在新德里火車站後方寬廣的大市場一隅。面對人潮洶湧、騷亂而充滿生氣的大街，四周雜貨店、鞋店、布店、鎖店林立。

香辛料店裡飄散出金屬盆中堆如山高的紅辣椒、鬱金根粉、肉荳蔻、黑胡椒、芫荽等數十種香辛料交織的衝鼻味道，籠罩整個市場。那味道飄入旅館，沁入房間的牆壁、天花板和床上。

我的房間當然不是單人房。是間大通鋪。在與外面街道相連的泥土地上隨意擺著十幾張印度式床鋪。總之是個可以遮風蔽雨、不必睡在泥土地上的旅館。當然也沒有旅客會對這一晚只要四盧比的超廉價旅館要求太多。

老闆坐在面對大街出入口的破桌子前，整天茫然地望著行人和人力車來來往往。客人交給老闆四盧比（約一百四十日圓），就有躺在空床上的權利。旅館裡整天晃盪著把一張床空間當作自己所有空間的年輕人。

德國、法國、荷蘭、英國，還有日本。雖然國籍和膚色不同，但都是就觀光而言在印度滯留太久的旅人。他們只在吃飯時間晃出去，回來後就窩在自己床上吸大麻。市場附近的廉價餐館約五、六十日圓就能飽餐一頓。只要美金一元，足夠一日生活所需。

不僅是德里，在加爾各答、瓦拉納西（Varanasi，印度北方邦城市。為印度教七大聖城之一，瓦拉納西還是佛教、錫克教和耆那教聖城——譯注）甚或尼泊爾的加德滿都（Kathmandu），最低級的廉價旅館裡都有許多浸身在一美元過一天、有如沉澱物般懶懶地躺在床上不動的年輕人。或許，我也是其中之一。

德里這家旅館雖然不及加德滿都那一晚只要七十五日圓的超廉價，但住起來感覺不壞。雖然住客未必是只住一兩晚、翌晨又精神抖擻邁向下個目的地的旅人，但也幾乎無人還有多餘氣力管別人閒事。只要不主動開口，沒人搭理你，能夠享受和外界完全疏離的時刻。這種無重力狀態雖無刺激，卻有股奇妙的安逸。

例如，早上一睜開眼，就想著今天要幹什麼？想了半天還是沒什麼主意，於是再閉上眼，動都不動一下又睡去。不久，周圍的人一個接一個起來。隔一會兒，我也下床，穿上微髒的舊襯衫和印度的寬鬆棉褲。起床後並不急著找事做，總之先離開床邊，走到旅館外面的街上。第一個走訪的是附近的茶店。

茶在印度是指紅茶。印度紅茶不是英國那種裝模作樣的喝法，而是把紅茶、牛奶和糖一起倒進鍋裡煮開，濾掉茶渣，倒進杯子裡。雖然粗簡，但濃郁的牛奶茶勝過一切。我盡量省下少得可憐的盤纏，不吃早餐，代之以一杯牛奶濃茶。

動作熟稔的茶店老闆把只在桶裡浸一下就算洗過的杯子放在托盤上，滿滿倒上一杯奶茶。我先吸掉灑在杯托上的茶汁，再以口就杯。太燙時，就把茶一點一點地灑在杯托裡，邊呼涼邊喝。在印度，這樣一杯茶只要二、三十個披索（paisa，一盧比的百分之一）。我就和印度閒人一起喝著這僅消七、八日圓的奶茶混時間。

但喝得再慢，也不可能耗掉一整天。看看錶，還不到九點，於是再度走回街上。太陽已高，熱氣黏黏地纏著身體，漫無目標的腳自然走向康諾特特區（Connaught Place）。康諾特特區是新德里最繁華的地區之一，到了那裡，總會遇上什麼。雖然可能遇上麻煩，但可免去無聊。咖啡廳裡，有來自各國的旅人，信步走過圓環的周邊街道，總會碰到一兩個要買黑市美金和兜售假機票的人。跟那些傢伙打打交道，閒逛幾間商店，總算捱到中午。

我在糕餅店買了無餡的橄欖麵包（coupee pain）和像保齡球瓶的一大瓶牛奶，走到附近公園的樹蔭下。望著動作遲鈍閒晃的野牛，慢慢享用午餐。可是，才下午一點鐘。沒辦法，今天下午就去國立博物館（National Museum）看看吧！

進到館內，望望便便大腹因數千、數萬隻手掌摸過而顯現奇妙光澤的神像，看看喜歡的工筆畫，瞧瞧古色蒼然的耆那教（Jain，紀元前六世紀在印度興起的二元論禁慾主義宗教，尊筏馱摩那為教祖——譯注）經典後，這已來過多次的博物館內已經沒有什麼想看的東西了。

我到休憩室喝茶，在六十五披索買來的航空明信片上寫起不知給誰的信。但是才寫下開頭一行，就發現沒有東西好寫，只得作罷。

歸途時覺得有點累，搭巴士回旅館附近。好不容易鑽上擠爆的巴士，單手鉤住扶手，拚命抓緊以免被甩落車下。下車後，感覺更累，不覺苦笑。走進市場入口處一家小果汁店，要杯榨芒果汁。這是我一天下來唯一的奢侈。

回到旅館，躺在床上稍事休息，當太陽西沉、感覺有些涼爽時，去市場的餐館吃晚飯。

我固定吃一客約七十日圓的客飯。飯菜都裝在一個大盤子裡，很簡單。類似咖哩的燉蔬菜是主菜，配上酥餅或米飯，還有附湯、一片生洋蔥，最後是像乳酸飲料的甜點。

我先看看眼前這一天之中最初也是最後一頓的豪華正餐，然後用右手三根指頭搓捏菜汁和飯，艱難地送進嘴裡。

吃完飯，能做的事就只剩下睡覺了。回到旅館，躺在床上發呆。夜更深，四周的夥伴各自準備就寢，在木頭柱子吊張網就算床的印度式睡床裡，各自擺好舒服的姿勢。有人穿著白天的衣服就睡，有人裹著一條床單，有人蓋著一塊浴巾大的布。但多半還是鋪著睡袋，鑽進裡面睡。房間和室外只隔著一片木板，清晨時相當冷。

我也是把睡袋墊在吊網上，光著上身鑽進裡面。其他人也幾乎裸著上身，只穿著褲子，把現金和護照塞在褲袋裡，或放進皮夾繫上帶子、緊緊抱在胸前。這不是懷不懷疑室友的問題，而是睡大通鋪的人為了避免糾紛的最起碼規矩。我也是把重要的東西抱在懷裡，聽著吸食大麻過度的男孩的吃吃笑聲，和平常一樣，不快不慢地進入夢鄉……。

那天，醒來時外面街道已展開早晨的喧囂，印度人起得早。這個市場也不例外。還不到七點，街上便熙來攘往，沒鋪柏油的路面漫起沙塵滾滾。朝陽強烈地穿透沙幕照進房間裡。晨曦中沙塵閃閃發光，鮮明地漂浮在筆直的光束裡。我躺在床上，稍微偏一下臉就可以看見那光景。可是，我沒有飽眠後的神清氣爽。

（又是早上了嗎……）

我的視線離開那光，漫不經心地把臉轉到左邊。那邊睡著法國年輕人。因為同房的荷蘭人叫他皮耶，大概就是他的名字。我看著皮耶的睡臉，暗自驚訝。太頹廢了！彷彿看到不該看的東西。那時我想到的，就是不能再這麼猶豫不決了。

我看皮耶時，他已經醒了，但是他毫無起床的意思，茫然望著天花板。他的側臉濃濃滲出的疲倦感讓人難以相信他已經酣睡一宿，眼睛空虛地讓人背脊發寒。沒錯，起來後要做什麼？去動物園看白老虎嗎？還是去拉吉河階火葬場（Raj Ghat）憑弔聖雄甘地？或是……。但是，這一切皮耶都已經做過了。

他告訴我，出來旅行已經四年半。他先到加拿大，再從美國到日本，經由澳洲來到中南半島，再到印度，經過中東，回到法國，但無法安頓下來，又飛回印度，漫無目標地漫遊次大陸，正迷惘今後該怎麼辦？他是個開朗的男孩，我頭一回見到他，就突然想起日本的童謠。

籠中鳥，籠中鳥，
籠子裡的小小鳥
何時何時飛出來？

他的空虛是怎麼回事？明明該和籠中鳥不同而自由飛翔的，卻蜷縮在異國廉價旅館的微髒睡袋裡，大清早就茫然望著天花板動也不動。他那模樣，讓人感到陰氣逼身般不寒而慄。

我會悚然而驚，是因為這並非與我絕對無關。有一天我未必不會像皮耶那樣眼神空洞地望著天花板。不，就在昨天還是前天，我不也用那種眼神望著天花板嗎？我和皮耶不同，我還沒有陷入那無底沼澤般的頹廢裡。

快！我必須盡快離開這裡！臥亞或喀什米爾固然不錯，但更重要的是先離開印度。只要留在印度，總有一天會像皮耶一樣。沉溺在某個廉價旅館裡，完全喪失動的意願。沒錯！是該再出發的時候了！

我以異於往常的速度從床上躍起，開始收拾睡袋。周圍的人驚怪地看著我的匆促舉動。其中也有人以為我做了惡夢而冷眼凝看，但我感覺到全身上下漲滿了久違的氣力。我拚命告訴自己，別錯過了這份昂揚感！走吧！從德里到倫敦！搭上野雞車，到要去的地方看一看！

2

離開旅館時天色已晚。本來早上就下定決心，即時出發就行，可是受到通行證事件的拖累，落到傍晚才倉皇奔出旅館的下場。說是事件或許有點誇張，其實只是旅館老闆太想做生意的戲弄。最重要的是我自己太粗心，沒有搞清楚就盲目聽信人言。

通行證是印度和巴基斯坦外交關係惡化後，欲以陸路穿越兩國國境者必須持有的許可證。我還沒拿到那份文件，不幸的是，那天是星期六，市政府不上班。

我問坐在桌前默默望著大街的旅館老闆，「國境那邊可以辦通行證嗎？」

可是他好像沒聽懂，一副不解的表情。

「就是從印度到巴基斯坦時簽證以外的必備文件啊！」

我邊說邊比劃，他好像終於懂了，斷然說：「國境那邊不能辦！文件只能官署簽發。今天是週末，星期一申請，星期二就下來。你還得在我旅館待三天。」

這三天對已經決心離開的我來說太長了，可是沒有通行證也沒辦法。我只有盡量安撫躍動的心，照常打發那一天。

傍晚時，我想到還不知道要去哪裡申請通行證，就問正好還在床上的皮耶。他現出訝異的表情，「通行證？那東西老早就不用了。」

「真的？」

旁邊另一個人也說不需要。他一個月前才從巴基斯坦入境，應該沒錯。我暗叫不妙。讓旅館老闆給耍了！是我自己輕率失策，怨不得別人，但終究按捺不住怒氣，跑去質問老闆。

「不是已經不用了嗎？」

老闆睜大了眼睛問：「什麼啊？」

「通行證。」

「通行證？那是什麼玩意？」

「……！」

我無言以對，呆呆地望著老闆好一會兒，趕緊手忙腳亂地收拾好行李奔出旅館。

我趕到新德里的火車站，走向站內的旅遊詢問處。想打聽開往國境的巴士資訊。可是詢問處的年輕職員冷淡地說，這裡提供鐵路資訊，不是查詢巴士資訊的地方。已經習慣印度官僚主義的我不肯罷休，請他至少告訴我巴士在哪裡發車？

「到什麼地方？」他不耐煩地問。

我也沒有特別的目的地，攤開地圖，指著眼睛看到的阿姆利則（Amritsar，印度旁遮普省城市，是錫克教中心——譯注），他表情更加不悅地說，既然到那裡，就坐火車，這裡有車過去。

「我想坐巴士。」我說。

他有些生氣，「為什麼？」

「就是想坐。」

這答案好像激怒了他，他用周圍所有人都嚇得轉過頭來觀望的大聲連珠炮地吼著。

「為什麼非要坐巴士去？火車不是更好、更舒服、又快又安全！」

他說的都有道理，我邊聽邊點頭後說：「我還是想坐巴士。」

我這麼堅持，就連他也不得不舉手投降，一副隨你喜歡就好的表情。

旅行之始

為什麼要橫越歐亞大陸？又為什麼要坐巴士呢？實際上我自己也不清楚。只是當初想離開日本時突然想要走一趟歐亞大陸看看。

沒有理由。不過，決定從陸路走歐亞大陸，也不能說是沒有一丁點理由。我是想離開日本後盡可能沿著陸地前進，以了解這個地球到底有多大。就算只是都市到都市、點和點之間的單線移動，也能藉著越過幾個國家的陸地來感受那種距離感。那和我初次出國踏上韓國首爾土地時、心想從這裡到底要走多遠才到得了巴黎的感慨相連。

但是，選擇巴士，何況是搭野雞車作為橫越這條陸路的交通工具，也只能說是有點異想天開吧！

真的能從德里一路搭汽車到倫敦嗎？

離開日本前和朋友談起要這樣子橫越歐亞大陸，贊否意見各半。只是當他們聽到所謂汽車是野雞車時，意見已是九比一，當然，否定的占絕對多數。他們說就連從倫敦直達德里的觀光巴士都還像「虛幻巴士」般捉摸不定，搭野雞車就更不可能了。少數贊成可行的朋友的理由也頗怪異，說什麼以前有絲路，因此現在一定有公路，有路的地方就有駱駝，現在汽車取代駱駝，巴士也是汽車，怎麼可能走不通呢？

於是，我和認為不行的朋友打賭我能如願搭野雞車從德里直抵倫敦。約好一個人一千圓，我先收錢，如果輸了，加倍賠償。我一邊收錢一邊放話。

「你們好好等我三、四個月後從倫敦中央郵局打來『本人成功矣』的電報吧！」

可是，從我離開日本，漫遊香港、澳門、東南亞而後印度、尼泊爾，還沒抵達出發點的德里，早已耗掉了四個月，只好坦然地把那個賭注當作是朋友的餞別資助，再繼續這有些艱難的旅程。但我也開始懷疑，果真抵達了倫敦，還要發那封「本人成功矣」的電報嗎？

從德里到倫敦距離多遠呢？

根據康諾特區兜售假機票的人給我的新加坡航空路線圖，是六千五百公里。地球一周是四萬公里，相當於六分之一。但坐巴士的話，包括繞的路，肯定超過兩萬公里。幾乎繞了半圈地球。

這麼長的距離乘坐一路顛簸的野雞車，屁股受得了嗎？會磨破嗎？不會遭山賊打劫吧？會不會在途中停車、在沙漠正中央把我扔出車去？我是一點資訊都沒有，擔心個沒完。

其實從德里到倫敦的汽車之旅，最大的困難不是山賊、胃下垂，也不是屁股磨破，而是新德里火車站那年輕職員「應該搭火車去」的偏見。

大部分人堅持我該坐火車，其實也不能說是偏見，甚至可說是正確的建議，或許他們是出於善意，但是強要我接受，讓我非常困擾。

當然，我不是沒有心虛之感。人家問我為什麼要坐巴士、而且要坐到倫敦時，我說不出讓人滿意的答案。想要攀登聖母峰，因為山就在那裡；想要橫渡太平洋，可以說我有遊艇；但是坐巴士到倫敦，實在沒有讓人心服的理由。能說因為有那班巴士嗎？即使我想這麼說，也因為還在四處奔波找尋那班巴士而說不出口。說因為那裡有路嗎？但日本也不是沒有路啊！

說穿了，我其實不是為任何人，也不是為了增加知識、探討真理或做報導，更不是熱血沸騰的冒險，我只是想做一件毫無意義、任誰都可能、但只有異想天開的傢伙才會去做的事。

或許我真的是犯了「認真卻異想天開」的嚴重矛盾，但我不知道如何用異國的言語向異國人說明這種心態。

遭到旅遊詢問處職員的冷淡回應後，我有些無所適從地佇立在新德里火車站入口。徘徊站前的飯店拉客黃牛上來搭訕：「怎麼啦？」

我說明情況，他沒有無聊地問為什麼要搭巴士，只是親切地告訴我，德里火車站南邊的巴士總站有班下午七點三十分開的車。我看看錶，只剩下三十分鐘，我匆匆往前跑，不知為什麼，他也跟著快跑，幫我拉來一輛停在附近的三輪計程車。起先我覺得坐計程車太浪費，但繼而一想，如果捨不得這點錢沒趕上巴士，又得回那間廉價旅館不可。雖然有點不捨，還是催著計程車快走。

這計程車其實就是馬達三輪車。我從來沒有坐過，但應該不貴。拉客黃牛向司機說明地點，我謝過他後上車。

但是我雖然急，引擎卻遲遲發不動。我下車和拉客黃牛一起在後面推，車子好不容易發出巴搭巴搭的吵雜聲音。

成了成了！我用日語小聲說，但這安心嫌過早了些。

3

司機鼻下蓄著鬍鬚，但是相當年輕。走沒多久，便在汽車修理店前停下。我雖然急著趕路，但他可能也有要事。耽誤個兩三分鐘也沒辦法，就忍耐一下吧！可是，我太天真了。

他拚命和修理店老闆交涉，但是老闆不理他。交涉何只兩三分鐘，簡直沒完沒了。看樣子像是司機沒錢，想賒帳修車，老闆只嫌他囉唆地一逕揮手。

這當中司機不停地指著我這邊。我半開玩笑地想，他大概是說拿那傢伙的車資付工錢吧，沒想到司機真的走過來，「可以先給我三盧比嗎？」

車子的狀況真的很糟。他說，我給他三盧比的話，加上他自己的兩盧比，就是五個盧比，付給老闆，就會幫他檢查車子。

我雖然有不祥的預感，心想車資恐怕還不到三盧比，可是如果在這裡拒絕他另尋計程車，不知道還趕不趕得上開往阿姆利則的巴士。我照他說的把錢遞給他。不幸，我那不祥的預感竟然那麼準確。

老闆僅將引擎嘎掐嘎掐地拉扯轉動兩下就算修理完畢，我懷疑這樣真的修好了？無論如何，司機再發動引擎時的確和先前不一樣，只一轉動鑰匙就發動了。

這馬達三輪車是拆掉後面的載貨平台，裝上硬椅子、加上遮風擋雨的篷子，就載著客人奔馳大街小巷。乘客如果沒抓穩很可能被顛落車下。此刻，這輛馬達三輪車聲音霸氣十足地奔馳在新德里到舊德里的漆黑夜路上。

順利地奔馳一段路，來到加油站前時，司機又停下車子，關掉引擎。說是沒有汽油了，又說再也不能開了。接著，一邊窺探我的臉色一邊提議，「我想開進去一下。」

我看穿他的詭計，假裝不知情。

「進去那裡好嗎？」

「隨便你。」

我不理睬他，他果然吐出我預料中的台詞。

「可是，我沒錢。」

「這不關我事。」

「車子不能走也無所謂嗎？」

這話惹火了我，我說，既然這樣，我連到這邊的車錢都不給，另外找輛車！說著，便跳下車，他慌忙說不要不要，車子還能走，馬上發動了引擎。

車子又開始奔馳在夜路上。約莫跑了五、六分鐘，來到幾乎不見人跡的遼闊空地。

「是這裡了。」

可是，巴士站卻看不到巴士，不是很奇怪嗎？

「怎麼不見巴士？幫我找找看！」

於是他說不是這裡，又發動引擎。他想早點趕我下車好拿到一點錢的心態昭然若揭。

我怒由心生，大吼沒坐上巴士絕對不付錢。竟有這麼打混的傢伙。我已經氣昏頭了。

「別給我搞鬼！」

我不覺用日語吼出這句話。怪的是，話一說出口，我的怒氣突然消失無蹤，反而覺得這個賊頭賊腦的年輕司機可親起來，不知從何恨起。

想想看，他要客人出錢修車、買汽油的點子還真不賴。我改變想法，和他聊起來，還真的頗有意思。根據他一點一滴地——話雖如此，為了壓過引擎聲音，兩個人不得不扯著喉嚨——說出來的話，他二十一歲，名叫蘭巴特，來自北方農村。

「你幾歲？」蘭巴特問。

「二十六。」我大聲回答。

「孩子呢？」

「啊？你說什麼？」

「你幾個孩子？」

「別說孩子，連老婆都沒有。」

「真的？都二十六歲了。」

「奇怪嗎？你呢？」

「四個。」

「老婆嗎？」

「不是，是孩子。」

「你真的才二十一歲？」

他沒有固定職業，這輛馬達三輪車也是別人的。雖然租了一天，從早上起幾乎沒有生意。明天早上還得隨車還租金，說到這裡時，他的聲音有些悲哀。

到加油站時他又停車。這回像是真的開不動了，沒辦法，我只好先墊汽油錢。走了一段，又停下來。檢查引擎……。到這個地步，我早已死心，怕是趕不上七點三十分的巴士了。此刻的心境已經是縱使和他一起待到明天早上也不會有怨言了。

一路拖拖拉拉、搖搖晃晃地總算到了巴士站。當然，手錶時針早已繞過八點。但，是老天助我嗎？開往阿姆利則的巴士竟然還沒開車！

我讓司機等一下，興奮地衝上巴士一瞧，所有乘客都怒眼瞪我。竟然客滿，而外頭還有幾乎可坐滿一輛擠不上這班巴士的人。他們在等下一班車。

「下班車幾點？」我問。

一名懂英語的乘客告訴我五點。是早上。我問如果坐不上呢，對方答說七點半。我嘀咕著幸好只是兩個鐘頭，他說不是，是晚上。那麼是半天後，這半天要怎麼打發呢？這時他同情地告訴我，「不是明天，是三天後。」

我認輸了，總之，先等到明天早上再說。

這期間蘭巴特一直靜靜地等著。我決定在巴士站過夜，算好剩下的車錢一交給他，他就抛下車子跑開，但立刻又趕回來。他拿著兩根零賣的香菸，自己點著一根，另一根請我，抽吧！說著，一副大財主的模樣抽起來。看他從身無分文豹變成王侯的神態，絕無不愉快的感覺。

抽完菸，蘭巴特再度發動噪耳的引擎聲離去。我霎時感到孤獨被棄的落寞。等候巴士的人群中只有我是外國人。

這裡雖是巴士總站，卻沒有特別的建築，只是一塊露天的黑暗廣場而已。客滿的巴士遲了約一個小時開走後，等待下班車的人開始就地躺下。我也把睡袋鋪在地上，以背包當枕頭。

水泥地到黎明時會有點冷，但泥土地適當保持了白天的熱，睡著了也不用擔心。剛到印度時，我還有點怕和一大群人露天席地而臥，後來知道人多反而安全後，好幾次在街上或火車站前廣場度過一夜。但是，那天晚上不知是匆匆忙忙出發、肚子餓，或是之前的長途顛簸的關係，並不容易入睡。

腦袋清醒，硬閉著眼，過去經歷的形形色色土地風景毫無脈絡地想起又消失。當初是想用三、四個月時間從德里旅行到倫敦，但在抵達德里前就已經耗去近半年的時間，出發時的春暖季節不久就要變成秋天。

已經是秋天了。

第二章 黃金宮殿

香港

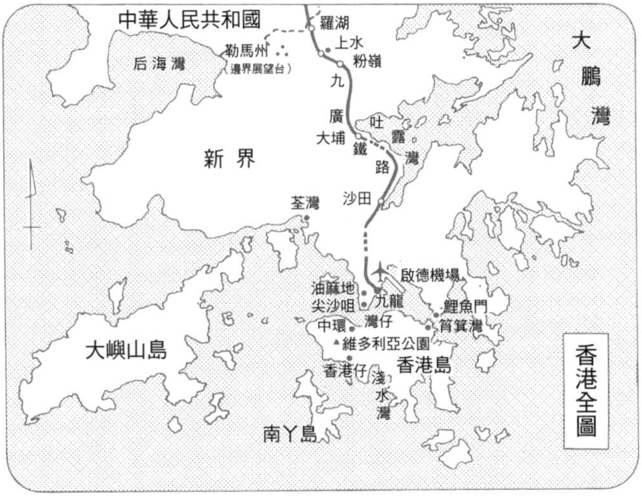
香港全圖
中華人民共和國
羅湖
上水
粉嶺
勒馬州
（邊界展望台）
后海灣
大鵬灣
九廣鐵路
吐露灣
大埔
新界
沙田
荃灣
啟德機場
油麻地
尖沙咀
九龍
灣仔
鯉魚門
中環
筲箕灣
維多利亞公園
大嶼山島
香港仔
香港島
淺水灣
南丫島

1

我這趟旅行的卑微主題，是從印度的德里搭野雞車到英國的倫敦。在這趟旅程中，東南亞並不具特別意義。如果能從香港沿著陸路到印度，固然理想，但是香港和泰國之間有中國、寮國，泰國和孟加拉之間有鎖國體制的緬甸，根本不可能穿越。因此，我雖然想親身體驗地球的距離感，但也不得不隔三跳四地放棄某些路段。我原來打算買廉價機票，從東京直飛印度。

就在出發前半個月，在我為了特惠機票數度走訪的第N家旅行社，發現了印度航空超級便宜的單程機票，付錢登記時，旅行社的女職員善意地提醒我。

「確定票要開『東京—德里』嗎？」

她說這張票雖然不是正常定價，但是途中可以停留兩個地方，如果不利用這個特惠而直飛德里，有些可惜了。言外之意，似乎是像你這樣寒酸旅行的人更該好好珍惜。我理解她是出於善意。

可以中途停留，而且是兩個地方，如果哪裡都不去而直飛德里，是浪費了點。我詢問印度航空的過境點後略作考慮，要求她把「東京—德里」的機票改開成「東京—香港—曼谷—德里」。

當時覺得香港充其量停留兩三天就夠了，只是個單純的過境點。旅程重點還是放在德里以西的地方。然而我在香港，卻是一個星期又一個星期地延長滯留、接二連三地到移民局去貢獻三十元港幣的簽證費，這一切都要從我被莫名其妙地扔進那名為Golden Palace「黃金宮殿」的奇妙旅館開始。

從東京到香港約四個小時，印度航空波音七〇七客機的飛航非常舒適。我很想這麼寫，但實際上沒那麼舒服。

我買的機票便宜得沒話說，已有心理準備機上可能擁擠不堪。但是登機一看，機艙空得叫人傻眼。一百五十個座位還坐不到二十人。我一度竊喜這真走運。

就座以後，翻開貼著美麗印度工筆畫的機內餐菜單，洋洋灑灑列著相當豪華的菜色。

⊙咖哩杏仁嫩雞＊燴肉飯＊印式清香蔬菜或菲力牛排＊馬鈴薯＊燉胡蘿蔔

⊙時令沙拉

⊙堅果杏仁樹莓醬

⊙咖啡＊紅茶＊白蘭地＊甜酒

⊙波爾多紅葡萄酒＊布爾戈涅白葡萄酒＊香檳

任何人對這麼豪華的餐色不可能不寄予厚望。期待機上餐點而沒吃午飯的我，在起飛前早就一心盤算。吃牛肉比雞肉好吧！雖然葡萄酒要點波爾多，不過能先喝一點啤酒更好……。但當飛機開始緩緩滑進跑道時，想喝什麼餐前酒的念頭瞬間一掃而空。我託付性命的這家印度航空班機破得難以置信。座椅喀啦喀啦地晃動，地板下傳來金屬激烈摩擦的聲音，引擎發出氣喘老人掙扎似的痛苦喘息聲音。

飛機一時停在跑道盡頭，全速發動引擎，哦，不，它只是想這麼做，但是聽不到一點噴射機腹下方轟然作響的聲音。這趟大旅行一啟程就不順利，我心情一黯，但現在再怎麼懊惱也無濟於事。是自己要買這超乎常情的便宜機票，怪不得別人。想想價錢再想想這份不安，心裡總算平衡些。不過，萬一事後讓人說「誰叫你買那種機票」，還是有點懊惱。耳朵深處彷彿聽到朋友奔相走告，「那傢伙別說是倫敦了，連德里也沒去成！」我忍不住為這搖搖晃晃開始起飛的印航班機加油打氣。

飛機持續漫長的滑行，就在我懷疑會不會就這樣一路滑到香港的瞬間，機身伴隨著「是偶然吧！」的感覺飄然而起。雖然是一點也不毅然決然地起飛，但無論如何，可以確認它有要飛的意志，我垮著肩膀鬆了口氣。

可是，機頭拉高瞬間，我並沒有摁下座椅調節按鈕，座位卻自動向後倒下，同時，釘在中央逃生門上方的【EXIT】指示燈匡噹一聲地掉下來，不僅是我，所有乘客都身體一震，可以想像那聲音之大。

不過，空中小姐並不怎麼意外，一個身纏印度紗麗的空中小姐走過來，撿起照明燈嵌回原位後，若無其事地回到自己座位上。

飛機一呈水平飛行時就供應餐點。看到端上來的菜色，我一時懷疑這份寒酸的餐點和那豪華的菜單之間有關係嗎？

我點的是牛肉，端上來的是雞肉，此外就只有乾巴巴的米飯、兩三片菜葉和澆了甜醬的杏仁。我心想，也罷，就喝點酒吧！但發現菜單下有一小行英文但書。持用廉價機票的旅客不能享用免費酒類。我雖然很想喝酒，但想到今後的長旅，不得不壓抑奢侈的開銷，無奈地只好再要一杯紅茶。

天氣晴朗，窗外雪白浪頭點點散落的藍海無邊無際。

沒有具體計畫的旅行

肚子裡塞了一點東西，飛機暫時也不像要墜毀，這時我才擔心起出發之際手忙腳亂而無暇認真考慮的事來。

雖然要做長達數個月的旅行，但是沒有細密的規畫。既未決定從德里到倫敦的路線，也不知道所需的天數。唯一的具體方針就是先到德里再做打算。

我也不是完全沒有計畫，我也曾參考湯瑪斯·庫克公司發行的《時刻表》擬定大致的行程，但做到一半時覺得很蠢便放棄了。因為我認為，如果要訂定計畫再按表行事，那就不需要這樣的旅行了；就是不要預定任何事。不過，就連今晚下榻香港哪間旅館都還沒決定，未免也太誇張了。

馬虎的不只是計畫而已。

雖然要行旅印度到中近東一代風土嚴苛的國家，我卻沒有充分考慮要帶的行李，只帶了像是國內數日旅行所需的日用品就出發。

T恤三件、褲子三條；長短袖襯衫各一件；襪子三雙；不知為什麼帶了泳褲和太陽眼鏡；盥洗用具一套；醫生叮囑以備萬一時拿的抗生素和正露丸一瓶；在橫濱美國街買的舊睡袋和朋友送的一架相機；完全沒有旅遊手冊，只有西南亞和歐洲的地圖各一張；書三本。這就是我塞進旅行背包的所有東西。

懷疑僅靠這些裝備就能到倫敦的念頭猛然掠過。三本書中，一本是有關西南亞的歷史，一本是星座概論，可以享受閱讀樂趣的就只有那本中國詩人李賀的選集了，但我也沒有自信能否連續數月反覆閱讀而不覺煩膩。

真是越想越不安心。

我茫然望著窗外，本來沒人坐的走道旁座位上突然有人向我搭訕。我望向他，是個六十多歲的白人紳士。我想起曾在登機巴士裡和他簡短交談幾句，大概是想排解無聊而找我閒聊吧！我雖然對英語沒有絲毫自信，但閒著也是閒著，便和他攀談起來。

東京變了，穿著剪裁合身的淺條紋灰色西裝的他這麼說。這是很普通的台詞，但似乎又有深意，不容反駁。我除了附和外，不能說什麼。他說，沒有變的或許只是他下榻的飯店四周吧！那飯店在什麼地方呢？我不能不循著話頭反問。

「費蒙飯店。」

「真的？」

我不覺大聲反問。他嚇了一跳。我解釋說費蒙飯店附近確實沒有多大改變，但我驚訝的不是這個，而是昨天晚上我也在費蒙飯店。我在玻璃隔間的咖啡廳裡和朋友話別。

「女性嗎？」他笑著問。

當然，我篤定地回答，雖然沒特別用力。

我們昨晚在同一棟建築裡的巧合讓彼此很興奮，談話也帶勁起來。

聊了一下，他問我：「要去哪裡？」

我不想誇張，只舉了我所知道的德里以西的大都市名稱。他露出「真了不起」的讚嘆表情，我有些得意，回問他：「你呢？」他不經意地回答說，他要去加爾各答、德里和喀布爾，之後返回貝魯特。然後立刻去肯亞，再回貝魯特後，順道經由瑞士、英國和德國到紐約。在來東京之前，他已從塔什干繞過伯力（Khabarovsk）……。行程規模之大，我簡直沒得比。他自稱來自美國的肯塔基州，現在住在貝魯特，讓人無法不讚嘆這世上真有適應力這麼強悍的人。

照這樣子，他過去應走過不少國家。

「恐怕超過三十個吧！」

我才說完，他有點靦腆地說：「有五、六十個了吧……」

我好奇這個人究竟從事什麼行業，但不好意思問。因為我不期然想到，這個怎麼看都頗具知性風貌的人物會不會是國際珠寶竊盜集團的頭子呢？

但這份疑惑在談到嗜好時總算解開了。他表示喜歡音樂，曾經寫過樂評。我也附和地說我寫過戲劇評論。當他問我是什麼戲劇時，我又為之語塞。如果是世界知名的《哈姆雷特》或是《安提戈涅》（Antigone）還好，但是日本的《我們渡過無情的大河時》這種劇名我就無法譯成英文。我有點自卑地逐一提起較著名的英語音樂劇名，提到《萬世巨星》（Jesus Christ Superstar）時，他突然認真起來。你相信耶穌嗎？相信復活嗎？愛有三種，死也有三種。亦即……。他看我幾乎不懂，乾脆替我圖解，熱心得讓人消受不起。難道他是教會人士？我終於按壓不住好奇心問他。

「你是牧師嗎？」

他斷然否定，拿出名片。上面用英文寫著「中東出版」。我問他出版哪一類的書籍，他回答說是教育類的書。

「還有呢？」

我催促他說，他有些含糊地說：「《聖經》……」

什麼嘛！這不是黎巴嫩的山本七平（山本七平為日本著名的評論家、書店經營者，除一般學術論著外，終身致力《聖經》的翻譯及研究——譯注）嗎！既然這樣，早說我不就明白了嗎？他看我笑起來，也有點不好意思地跟著笑了。

2

我們的印度航空班機途中沒有墜海，安抵香港的啟德機場。天色已暗，我告別要直接轉飛加爾各答的「黎巴嫩的山本七平」，步下機身，跑道上還殘留蒸騰熱氣。

進入航站大廈，從旋轉履帶上抄起旅行背包，排隊等候入境檢查。好像同機的年輕女性就跟在我後面，她問：「你是日本人？」

我回身點點頭，她像放心似的繼續說，她要香港朋友在入口處等她，但不知道能不能順利見到。就怕對方沒來。因為初到香港，人生地不熟的，萬一朋友沒來，我是否能帶她到市中心去……。

我也是初來乍到香港，但沒有拒絕她的理由。我沒有必須履行的約會，何況對方挺年輕漂亮。我問過她，知道她朋友已幫她預約了飯店，必要時把她送到飯店就好。就算地方再陌生，這點小事我還做得到。我答應後，她放心笑笑。看到她那爽直的笑臉，我也同樣感到安心。大概初到異國時突然受到奇怪的要求而不覺產生了警戒心吧！

通關非常簡單。官員也沒要我打開背包，只輕輕摸一下，隨口問了兩三個問題，而且是用日語。本來擺好架勢準備回答任何問題的我反而有點失落感。

「沒有香菸和酒？」

我奇怪自由貿易的香港為什麼問這種問題，但只默默點頭。

「也沒有毒品？」

「當然。」我立刻回答。

官員輕快地說聲「ＯＫ」，遞給我一張紅色卡片讓我通過。卡片上面寫的大概是反毒文宣：

旅客注意

切勿攜帶毒品！香港政府嚴厲緝毒

運毒入本港者所受最高刑罰為——
終身監禁
另罰款港幣十萬元

我看著這段文宣，源源湧起來到外國的實際感覺。
航站大廈入口處沒看到她掛念的朋友身影。為了不安的她，我暫時陪她等候一陣，安慰她說大概馬上就到，不過我開始擔心那朋友沒來時的後果。

首先，我必須送她到預約的飯店吧！然後，或許需要幫她和朋友取得聯絡。萬一聯絡不上時該怎麼辦？就那樣跟她說再見是否太冷酷？該住同一家飯店嗎？萬一那裡是價格高不可攀的觀光大飯店怎麼辦？先不管這個，現在要想的是怎麼去飯店。搭計程車？沒確定從機場到那邊距離有多遠就坐車值得三思。我並沒那份多餘的錢。但是又不能叫女生付錢。那麼坐巴士囉？但又該坐開往哪裡的巴士呢？噯，真是麻煩，乾脆搭計程車算了……。

就在我打定主意時，她高興地叫出聲來，那不像是察覺我的心意而歡喜。眼前停著一輛象牙色的大型賓士轎車，一位男士不停地在車內揮手。

「來了！」

在她這麼說以前，我作夢也沒想到她的香港朋友是男性。而且是有司機的賓士車主。

從車上下來的他差不多和我同年。米色休閒褲搭配有鱷魚商標的短袖襯衫，戴著淺色的太陽眼鏡。他雖然高大瀟灑，但紈褲氣息十足的風貌讓我無法不稍稍介意他們的關係。

賓士先生聽完她和我站在一起的理由後，以日語單字向我道謝。接著，看到她只跟我說聲謝謝就鑽進車子後感覺有些愧疚，問我：「你去哪裡？」

我含糊說沒有特定目的地時，又問我打算住哪家飯店？聽我說還沒決定、只想住間盡可能便宜的旅館時，輕輕點頭說，既然這樣，交給我吧！

「只要便宜，任何地方都行嗎？」

「只要便宜，任何地方都行。」

我像鸚鵡學舌般回答後，「賓士先生」逕自做主，要司機把我和她的行李放進後車廂，催促我上車。車子一開動，我突然感到不安。那飯店真的便宜嗎？對開著賓士四處繞的他而言，多少才叫便宜呢？心想別丟人現眼，但還是忍不住數度提醒他。

旅館好像是他家傭人的嫂嫂娘家經營的。

「別擔心，她的客房非常便宜。」

他這番話非但沒讓我放心，反而更擴大我的不安。客房，是國賓館嗎？不是很貴的嗎？但是「賓士先生」一逕連聲說「never mind」。算了，我也只好聽天由命了。

在車上東拉西扯中，我大略明瞭他們兩人的關係。「賓士先生」是香港的工業設計師，去東京洽公時認識她的。她還是學生，是在她打工的店裡認識的。他們沒有說是在什麼樣的店裡，我也無意探聽。總之，他答應招待她到香港來玩，也實現了這個承諾。

我完全不清楚車子怎麼走，大約開了十五分鐘，穿過隧道，不久停在名為「新加坡飯店」的建築物前，好像是他幫她預約的飯店。這飯店讓從異國邀請來的女性朋友住似乎稍欠豪華，或許有服務很好、地點方便等看不到的優點。

「賓士先生」卸下她的行李，留下「司機會帶你去」這話，便催促她走進飯店。我和他們雖然沒有深厚的關係，仍有被拋棄的奇妙感覺。也不是沒想過索性我也下車，住進這家飯店，但這樣做好像違背我和他之間的默契，於是作罷。

司機用中國話說了什麼，我聽不懂，呆呆地不作聲，車子猛然開動，再度穿越隧道，行駛在雜亂的街道上。

街道兩旁密集著掛滿中文招牌的商店，街上滿是觀光照片上眼熟的雙層巴士和汽車，人行道上快步疾走的行人成群。我知道這是香港相當繁華的街道，但是無法確認街名。

司機鑽進又鑽出一條條街，好像在同個地方繞圈子。他想解說什麼，但言語不通。沒多久車子停下，司機跑向公共電話亭，他拿著話筒不時瞥向我這邊，有點鬼鬼祟祟。

我不知要去什麼地方。我既然相信這只是萍水相逢的人，也就不會有人為我負責。說我無謀或許還真是相當無謀。

「ＯＫ！」

打完電話回來，司機幾乎不動嘴唇地說。看來像是旅館有房間，他剛才繞來繞去大概是在找極少見的公用電話。

住進奇怪的旅館

他又開了一段路，繞過繁華街道，停在一棟住商混合大廈前。站在出入口的男子靠過來。看不清楚是年輕還是中年的面無表情男人。司機交代那男的兩三句話，從後車廂取出我的行李後，就開車離去。

男人面無表情地拿起我的行李，悶聲不吭地往前走。我跟在後面，穿過住商混合大廈中迷宮般的密集商店區，盡頭是座電梯。已有年紀了，下降速度慢得可怕，好不容易來到一樓，門開瞬間洩出強烈的香辛料味道。好幾名印度人混在中國人裡面，人都出去後，我跟在那男人後面走進電梯，又有別的印度人跑進來。這棟住商混合大廈裡似乎住著不少印度人。

那人在十一樓走出電梯。微暗的樓梯轉角斜前方有扇玻璃門，他敲敲門。門裡面掛著蕾絲，看不清楚，不尋常的是玻璃門內側還有鐵格子門。看到裡面的簾子在動，隔一會兒，有開鎖的聲音，門總算打開。裡面更暗，眼睛需要一點時間適應。

一進門就是櫃檯，當然那只是櫃檯的代替物，就是一張桌子。櫃檯旁邊是個大廳樣式的空間，四名男女圍著方桌，默不作聲，只聽見劈啪的尖銳聲音。我靠近兩三步，探頭一看，原來在打比日本大得多的麻將。

突然，一個人尖聲高叫，推倒牌，鈔票在桌上亂飛，不久眾人又默默地開始洗牌。

（我究竟被帶到什麼地方呀……）

我已經不想住了，問題是怎麼拒絕？怎麼離開？

又等了一下，穿著開襟襯衫和鬆垮褲子、像是老闆的中年男人出來，他只是笑嘻嘻的，好像沒什麼概念。我打算看看房間、問問價錢、然後說不要就離開，可是這法子沒用。我們只是互相打量，裡面又走出穿著短褲、矮小但精明的女人用英語跟我談。

「一個人？」

「是。」

「打算一個人住？」

「當然。」

我說完，女人對圍著麻將桌的男女快速說了些話，所有人一起轉過頭來好奇地看著我。我是說錯了什麼嗎……。可是我說的只有yes和of course兩個字而已，不可能失言。

我突然心虛起來。

那女人好像是那笑嘻嘻男人的老婆。但是很有威嚴，腦筋也轉得快。

「預定住幾天？」

這種地方我連一個晚上也不想住，但這樣說有點冒失，只好含混說兩三天。

「有房間哦。」

「多少錢？」我問，她隨即回答：「十九元。」

我聽不清楚是十九還是九十，問了好幾次，她乾脆寫在紙上。十九元。我問是港幣嗎？她說是。我聽說港幣一元大約是六十日圓，十九元就是一千一百日圓，這在香港旅館的行情中不知是貴還是便宜？感覺不像是敲竹槓的價錢。我鬆了口氣。

「可以看看房間嗎？」我要求。

笑嘻嘻的男人起身帶路，才走進沒有光的密閉走廊就停下，他打開並排四間房的第三間。

房間裡放著一張雙人床，鋪著有點骯髒的米色床罩。桌椅俱全。打開裡面的門，浴廁雖髒但齊全。窗邊有台冷氣機。他察知我的想法，打開冷氣的開關。冷氣頓了一下，發出一聲巨響開始啟動。只要能忍受這髒，也不是不能住。但是我沒有必須忍受的理由。

我環視屋內尋找拒絕的理由，發現桌前垂著一片小紅布簾。我拉開布簾。

啊！一棟搖搖欲墜的高樓公寓不正聳立眼前嗎？那棟建築緊挨著旁邊的建築，不，是所有建築都像喪失視野般密集在水泥叢林中。眼前的公寓可以看到各個樓層的窗戶，望見屋中的情況。有的房間窗簾緊閉像是無人在家，有的房間開著電燈，主婦忙進忙出。移眼別的樓層，看見有對小兄妹坐在電視機前。這棟公寓的居民像是香港的尋常百姓。

我覺得很有意思。這間詭異的旅館窗外，看不到風景明信片上的美麗夜景和國際都市充滿活力的街景，但可以看到香港人的日常和素顏的香港本身。腦中漸有「住住看吧」的想法。

理性的判斷告訴我，顯然不應該住這種旅館，對危險必須有心理準備，搞不好或許所有家當都被剝下給扔出去。但即使住在再安全的飯店裡，被搶時照樣被搶。這裡有著某種激昂我心的東西。而且，我也不覺得一直站在我身邊的笑咪咪老闆和那位精明的老闆娘像是壞人。我打定主意，住下吧！

「Good!」

我回到櫃檯告訴老闆娘，她沒問我的名字，也沒查看護照號碼，就交給我房間鑰匙。

那時，我突然發現身上沒有港幣。意外的事情接二連三，糊裡糊塗地被帶到這裡，完全忘記去換錢。我抱歉說錢有問題，老闆娘很乾脆地說走時再付無妨。

進了房間，坐在床上，再次環視房間，相當老舊。冷氣機每次切換恆溫器時便發出龐然聲響，白色磁磚已成灰色的浴室裡，特大隻的蟑螂肆無忌憚地四處爬行。

毫無情調的牆壁上掛著漂亮裝框的裸體照片，不知為什麼，單肘貼在床上、舒坦伸展雙腿的裸體女人乳頭部分被塗得黑黑的。

是流汗的關係嗎？皮膚黏黏的。我想沖一下身子，這下更糟。熱水是有，全是燙的，我想調成溫水，一轉動水龍頭，立刻變成冷水。不是燙水就是冷水，沒有溫水。到最後，蓮篷頭更是喘著大氣，連熱水都沒了。

沖過身體，感覺清爽。肚子很餓，但是我沒有港幣。我到櫃檯問老闆娘，她告訴我彌敦道那邊有好幾家兌換店，到那裡換就行。彌敦道好像是這附近的繁華鬧區。我請她打開戒備森嚴的門鎖，搭電梯下樓。

外邊天色已暗。商店的霓虹燈感覺特別亮眼。

我在像是彩券店的兌換店裡先換十元美金，大約是港幣五十元。感覺很闊氣地漫步街頭。

彌敦道上中餐館林立，旁邊的窄街裡也有好幾家大眾餐館。我來來回回探看，都不像有觀光客在座，不是一家人團員圍桌，就是三兩好友共餐。

光看並不能填飽肚子，我選定一家客人差不多的館子進去，才剛坐下，跑堂就過來用中文幫我點菜。我本來打算慢慢觀察後，再指著別桌客人面前看似美味的餐點就好，這下慌得匆匆打開菜單。非但沒有日文，連英文都沒有，必須從像是漢詩的難解文字來推測內容。我冷汗直流。正當這時，感覺有如天助般，菜單中寫著我熟悉的料理：「小籠包」。

我進來時沒注意，這家館子並非粵菜店，而是上海館子。自從在東京的上海餐廳嚐過小籠包以來，我非常喜歡這類麵食。味美價廉。我看看菜單，價錢並不貴。我點了一盤芥蘭炒牛肉和小籠包。這些分量在單一客人來說沒什麼奇怪，年輕店員很能接受。

端來的食物恰如其味。我驚訝小籠包一籠有十個，皮比日本吃的稍厚，但味道更好，我吃得精光。

逛了一小時街後回旅館。

回到房間，靠著桌子撐著下巴，茫然地眺望窗外，一時無法相信半天前才離開日本，感覺好像是很久以前的事了。眼花撩亂的，感覺像是咕嚕嚕地繞著螺旋梯下到這個房間裡。只不過半天的工夫，我就有股深入香港核心似的奇妙亢奮。

旅館的名字好像是Golden Palace Guest House。我出去吃飯時，老闆娘給我一張卡片說，萬一迷路了就打電話到這裡。黃金宮殿國賓館。但是卡片後面的中國字寫的是「金宮招待所」。

我再度取出那張卡片來看，誇張的宣傳文字讓我忍噱不住。

交通方便電梯上落
環境優美冷氣設備
高級享受招待周到
長短居住無任歡迎

突然，隔壁房間傳來奇怪的聲響。不是音響，是人聲，抽絲般的女人聲音。突然變成抽噎。我澄耳細聽，又變成細細的呻吟。莫非……。不久，聽到淋浴的聲音，一切安靜下來。

沒隔多久，另一邊房間開始傳來類似的聲音。床鋪和牆壁摩擦的聲音清晰響著。完事後，立刻有人走出房間。聽鞋聲像是女人。

果然！這裡不是普通的旅館。是男女幽會或是可以召妓陪宿的旅館。因此，大廳特別暗，難怪要問我是不是一個人。原來如此！或許牆壁上的裸女乳頭不是禁止裸照的香港海關塗黑的，而是像我一樣單身住宿的客人慾火難消而失眠下，一怒而將它塗黑的手筆。

這真有意思。我心情亢奮。對面大樓的每個房間總是開著燈，其中有個穿著拖鞋老是繞圈子的女人。我盤思香港人究竟什麼時候才關燈睡覺時，想到今天是星期六。或許這家旅館的興隆生意因此而來。

3

清早醒來，看看錶，已經過了十點，但是房間裡還是太暗。我下床拉開窗簾，也不怎麼亮。我探頭出窗，仰望高樓縫間些微看到的天空，晴得一片湛藍。緊鄰的高樓建築阻擋了光線，使得這個房間總是像傍晚般昏暗。不只是這棟雜居大樓，附近林立的建築都是同樣的狀態，大白天每個房間都開著燈。

旅館裡一片靜寂，難以想像昨晚的喧鬧。是還在睡覺呢？還是早已出去了？靜悄悄得讓人以為住宿的客人只有我一個。

先出去瞧瞧。

走到櫃檯，昨天帶我來這裡，缺乏表情、年齡不詳的男人在沙發上睡覺。喊了幾聲都不起來，把房間鑰匙丟在他肚子旁邊時，他總算睜開眼睛，趕忙幫我打開門鎖。

好天氣。濕氣雖重，但強烈的陽光感覺暢快。

「現在要幹什麼……」這麼想瞬間，身體突然輕鬆起來。

今天一整天都沒有預定行程，既無趕著要辦的事情，也沒約好要見的人；完全自由。這情形不會讓我感覺無所適從，反而有從某種束縛中解放的強烈快感。不只是今天，以後每天早起時都可以想想要做什麼後再決定。光憑這點，這趟旅行就有價值了。

漫步彌敦道上，微微飄來海潮味道，好像靠近海邊。往前走沒多久，右手邊有棟高雅的建築。我繞到建築正面，好像是家飯店，玄關前停著幾輛勞斯萊斯，腳夫專心搬運皮箱和旅行袋。建築物的牆壁上嵌著THE PENINSULA的字樣

這就是有名的半島酒店嗎？我心下一喜。它不僅是英國皇室的御用飯店，顧客也以全球知名人士為主，例如，我記得在某篇文章上看過，彼德奧圖拍攝〈一代豪傑〉（Lord Jim）來到香港時，就下榻在半島酒店。

我逕自通過對我投以狐疑眼光的門僮身邊，走進飯店裡面。

半島酒店的大廳相當寬敞，高高的天花板洋溢著高雅的大飯店風情。

我走向退房旅客略為喧囂的櫃檯，問櫃檯職員是否有香港地圖讓我看看。身穿黑制服的男職員瞬間投給我估量身價的一瞥，隨即浮現職業的微笑，給我一本小冊子，說裡面有簡單的地圖。

「Is it free?」

我雖知道，為了保險起見，還是問他免費嗎？

「Yes, free.」

我坐在大廳寬敞舒適的沙發上，看著免費要來的導遊手冊。的確附帶地圖。看過以後，我才知道自己位在香港什麼地方。

香港是由連接中國大陸的九龍、新界半島部分，和香港島、大嶼山島等無數小島組成。政治經濟的重要機能集中在香港島，加上九龍地區一帶，形成香港的中心部分。我位在九龍地區最繁華的尖沙咀。南北縱貫九龍的大路是彌敦道，我住的黃金宮殿就位在它東邊一隅。

半島酒店在九龍的南端，附近連著麗晶和希爾頓等大飯店。

我發現中間夾著ＹＭＣＡ。過去有個屬於寺山修司主宰的「天井棧敷」劇團的朋友和夥伴去歐洲公演，取道南路返日途中過境香港時就住在ＹＭＣＡ。一文不名的他住的地方不可能貴。我想了解香港旅館的行情，起意去ＹＭＣＡ打聽價錢。如果便宜的話，今晚就換旅館。ＹＭＣＡ就在緊鄰的街區。

我走進玄關正面的窗口詢問，有空房。但是一聽價錢，大吃一驚。沒有冷氣的房間一晚二十七元港幣，有冷氣的五十元。我在腦中換算日幣。旁邊一個白人青年開口說：「太貴了！」我轉頭看他，他笑著說：「方便的話，我們合夥好不好？」

「……？」

「我們合住一間。」

「和你？」

「是啊，和我。」

意外的提議。

我再度仔細打量他，他穿著皺巴巴的棉襯衫和快要磨破的牛仔褲，腳邊放著灰塵滿布的旅行背包。那模樣讓人覺得他已持續好長一段旅程。出來旅行才一天的我被那模樣嚇倒，默不作聲，他卻以為我答應了，問窗口的女性。

「冷氣雙人房多少錢？」

「七十五元。」

聽到答案，他一副「你看」的表情說：「一個人才三十七元五角，用不到五十元，我們就一起住吧！」

接著，他不經意地加一句話：「我不是同性戀。」我感到那種說法是慣於旅行者的說話方式。旅遊在外和陌生人共住一個房間時，有意無意地表明自己不是同性戀，或許是個定規。

我心想怎麼辦？這個白人青年像是單身旅行的老鳥。和他在一起幾天，或許不只能獲得想要去的國家資訊，也能學些旅行的技巧。而且，ＹＭＣＡ在清潔和安全方面都強過我住的黃金宮殿。

住進ＹＭＣＡ過著歐式旅館生活，這在東京一樣做得到。但是，我偶然鑽進那極其港式的曖昧旅館，放棄了不是可惜嗎？的確，和他同住是可要他傳授些旅行技巧，但這技巧應該不是別人傳授，而是自己去摸索學習體會的……。

「七十五元的房間可以嗎？」他窺看我的神色問。

「三十七元五角嗎……」

我嘀咕著，發現這是我現在住房價格近兩倍的單純事實。我的黃金宮殿就算再吵，附帶冷氣也不過十九元。

「You want?」

他問怎麼樣？

「I don't.」

我猛然回說不要，留下一臉不解的他，走出ＹＭＣＡ。

巧遇同胞

想想看，那個房間價錢便宜，環境又刺激，說得上是罕有的偶得珍品。這份發現讓我感覺飄飄然。

我參照著在半島酒店要來的旅遊地圖，穿梭名字似懂非懂的街道之間。

亞士里道

北京道

漢口道
海防道
彌敦道
堪富利士道
加拿芬道

我打算隨意走走，但不知不覺回到旅館附近。

轉進加拿芬道後面的小街，來到大眾餐館林立的地方。昨晚吃過的上海館子也在裡面，經過店前時我感到非常餓。再吃同一家有點無趣，於是我到稍微前面一點、客人最多的一家。

店內相當寬敞，坐了九分滿。因為是週日上午，不少客人是一邊看報一邊吃飯。我在一張空的大圓桌前坐下，等候跑堂。可是老半天才過來的跑堂也沒給我菜單，只是默默站著。語言不通，指手畫腳也不行。我聽說中國人有早餐喝粥的習慣，於是在紙上寫個「粥」字，他無言地搖頭。我想向旁人求助，但同桌的都是華人中年男女。

我更加侷促地環視店內，和斜對面桌前正擔心望著這邊的年輕人對上眼。

「你會說英語嗎？」我問。

年輕人靦腆地笑著說會。我鬆口氣，瞄到他放在桌上的書本封面，是塞繆爾森（Paul

Anthony Samuelson）的《經濟學》最新原文版。我說不知道怎麼點菜，他英語流利地為我解說：

「你先點喜歡喝的茶，再要喜歡吃的食物就好。」

他這麼說後，我才發現像賣火車便當的少年們不停地穿梭店內。原來這就是飲茶。年輕人向跑堂說了些話，跑堂拿來茶單。雖然有普洱、龍井、香片、寶利、鐵觀音等茶，我完全不知各是什麼味道。

我正茫然時，年輕人語帶顧慮地說：「來我這桌好嗎？」

我高興地搬到他旁邊的空位。

「你喜歡什麼味道的茶？」

我無法回答，只好說：「香港人常喝的就好……」

年輕人和跑堂商量後決定。我喝了端來的茶，味道和在日本熟悉的茉莉香片不同，帶點中藥的味道。年輕人說這是香港人最普遍喝的茶。

接著是食物。我想點燒賣，但看了他桌上的東西，也想吃吃看。不知是什麼葉子，濃綠的葉子裡包著煮好的飯。

「我想吃和你一樣的。」

年輕人向走近的少年推車蒸籠要了同樣的東西，我撥開包裹的葉子，現出摻著蝦仁、香菇和叉燒的糯米飯。

「真好吃！」我吃了一口說，年輕人笑著點頭。

他叫張頌仁，二十三歲，是銀行職員。大學四年在加州留學，英語當然流利。畢業後回到香港，在美商銀行上班。

彼此自我介紹後，他知道我剛到香港，便問我今天要去哪裡？

「還沒決定。」

「想去哪裡嗎？」

我說沒有，想起數月前在東京遇到的一個年輕人。他和這位張君同年，但十七歲時企圖偷渡進入中國。他先到香港，從上水鎮成功地溯河游進中國。雖然立刻被發現遣返，但他述說從邊界展望台眺望中國大陸時的感動話語令我印象深刻。

「對啦，我想去邊界看看。」我說。

他表情有點意外，但立刻說：「我帶你去吧？」

「我很高興，不過……」

我為不知如何接受他的親切而困擾，他立刻以不強人所難的態度表示今天休假，邊界也很久沒去了，想去看看。我不知道他為什麼那麼親切，但也不必過度揣測，坦然接受他的親切就好。我爽快地說謝謝。他說：「我先回家放書，告訴家人我要出去，能先到我家一下嗎？」

張君的家就在距離餐館步行三、四分鐘的地方。一家人住在四樓公寓的二樓。他跑上樓梯，穿過客廳，立刻竄出一隻狗來。

張君一面逗狗一邊說明，他們一家是在一九四七年從上海搬來香港。家中有父母、哥哥、姊姊、妹妹和他六人。姊姊現住美國，哥哥留學倫敦，現在家中只有四個人住。從他留學美國來看，家裡應該有相當財力，但是只從客廳的情況，看不出是什麼大財主。

正面牆上掛著他祖父母的肖像和神龕。客廳的家具像有相當年代，發出深沉的光澤，但說不上豪華。看樣子像是極普通的中產階級家庭，但他說他妹妹以後要去加拿大留學。

我常聽說香港人為了九七回歸中國之日，都把財產和子女教育分散到國外，親眼目睹這在香港初識的一家驚人的「保險」作為，深深感到那些話語確實不虛。

張君說他父母和妹妹今天正好有事外出，不久裡面走出一位身穿黑色唐裝的老婆婆。是阿媽，也就是女傭。他大概在介紹我，用中國話說了什麼，阿媽猛然投給我銳利的一瞥，之後幾乎無視我的存在。

張君似乎沒料到阿媽的反應，有點不知所措，我趕緊說該走了吧，張君鬆口氣似的站起來。

走出門後我問：「你跟她說了什麼？」

「你是日本人……」他抱歉地回答。

到邊界要從九龍坐火車到上水。鐵路雖然連到中國的廣州，但到上水以後必須事先申請通行證。

火車票分三等級，坐上票價一元一角的三等車，車廂擠得勉強有位子坐。經過沙田、大埔、粉嶺等站，約一個小時後抵達上水。

下了火車，兩人還茫茫然的，一個男的過來用英語搭訕。是白牌計程車司機，說到勒馬州的邊界展望台三十元。張君用中國話答腔，他一驚，換成中國話，一口氣減到二十五元。

二十五元還是不便宜，但走路要兩個小時。我是可以，但張君不行。確定來回就二十五元後坐上車子。車子約莫走了十五分鐘。通過水牛拉著貨車、農家院子裡雞鴨遊耍的鄉村地帶，向右彎時看到一座小高丘。那就是最適合從香港眺望中國本土的勒馬州邊界展望台。

登上小丘，從丘頂的展望台望向北方，眼下是緩緩而流的河水，對面綿延著中國大陸遼闊的水田地帶。水田之間零零落落地冒出一個個村落，有的房子冒出炊煙，是在煮午飯嗎？再遠處就是平緩的山稜線。

這裡沒有邊界的緊迫感，拍照紀念的年輕中國情侶之間雜著一位老婆婆，獨自凝然遠眺的身影，讓我胸口感到一股壓迫感。但我並未因此配合老婆婆的望鄉之念而靜靜地眺望中國大陸，因為剛才登上山丘時有團五人行的年輕男女說說笑笑地經過我們身邊。他們看似感情融洽，我正猜想他們是什麼樣的團體時，其中一個男的突然回過頭對我說：

「對不起，你是日本人嗎？」

「欸……」

他流利的日語嚇我一跳，我曖昧地點點頭，他解釋說：「真懷念啊……」

這一行裡面，男性兩人，女性三人，男的都是日本人，是日本電機公司派駐香港的職員，女性是香港工廠的員工。意外的是，跟我搭訕、看似快活的男人才二十歲，另一個沉默的男性也只二十二歲。說他們年輕，那些女孩更年輕，其中一個十八歲，另外兩個才十六歲。

「你說很懷念，離開日本多久了？」我問。

那快活的年輕人靦腆地回答：「不到兩個月……」

我再問是不是兩年，但確實是兩個月。這點時間中國話就說得很流利了，就在剛才，還用中國話和少女開開小玩笑。

「在日本學的中國話嗎？」

「不是……」

「講得相當好哩！」我說完，沉默的那一個接著說：「我不行，這傢伙厲害，現學現賣。」

「怎麼學的？」我問快活的那位。

「聽啊！仔細聽她們說，然後一點一點記下來……」

或許他有語言天才，無論如何，日本企業外派的職員為學語言，從仔細傾聽當地女工的談話開始，點子實在不錯。

「這麼說來，今天的約會也是為了學習中國話囉！」

我開玩笑說，他們兩人都老實地紅了臉說，也不是這樣。

邊走邊談之間，張君也和他們同行的少女聊起來，最後我們七人之間日語、英語和中國話交錯。因此，到了展望台也是喝喝可樂、拍拍照片，無暇耽於沉思裡。

要回去時也沒有人提議，七個人一起走下山丘，各自坐車回到上水，搭乘同班火車。他們坐二等車廂，我們也改坐二等，放聲交談，車廂很空，連車掌都坐到一旁加入閒聊。

車掌看著我的臉奇怪地說了些話，少女們不停點頭。我要張君翻譯，「你不像日本人，簡直像上海人。」

說我的長相和體型都像。不會是昨天吃了小籠包以後才這樣吧！但他們這麼說，我還是莫名地感到高興。我問雙親都是上海人的張君，他說我不說話時確實像上海人。張君對我的親切或許也是受到我這潛在氣質的影響。

到達九龍後，大家仍無分手的意願，少女提議一起吃飯，我望著特別期待五個人一起吃晚餐的兩個日本年輕人，他們說：「難得，就一起吃吧！」再看看張君，他也心動了。

「好吧！」我點頭，少女高興地拍手。

「吃什麼？」快活的年輕人問。

「日本料理。」

三人中年紀最大的陳靜儀說，其他兩個同聲唱合。近幾年來，日本料理在香港漸成一種風潮，還沒吃過的她們想嚐個鮮。兩個日本人也想吃睽違已久的家鄉菜。我覺得來到香港沒有必要吃日本料理，但寡不敵眾。

走進九龍的大和日本料理店一看，果然相當貴。菜單上壽喜燒三十元港幣，生魚片壽司十五元。

少女說想吃生魚片壽司，我們也點了同樣的東西。年輕的日本人似乎來到香港以後生鮮蔬菜吃得不夠，另外點了沙拉。

但是生魚片壽司端上來後，少女們卻鼓不起勇氣舉箸。

「剛才還那麼想吃，怎麼了？」我問。

陳靜儀一副豁出去的表情捏起鮪魚生魚片，勉強吃下一塊，堅決不肯再吃。感覺最小的古碧雲說光是看了就起雞皮疙瘩。飲食習慣似乎極具拘束力，幾乎不生食的她們，不但不吃覆著生魚片的握壽司，連生菜沙拉也不碰。

張君不愧是男人，鼓起勇氣挑戰，但顯然不覺得滋味多美。少女們看著幾乎沒動的壽司盤子直嚷著肚子好餓、肚子好餓。

「去吃中國菜吧？」

我一提議，少女和張君都浮現得救的表情。付帳時我要一起付張君的份時，電機公司的兩個人說：「你以後要用的都還不夠吧！」始終不肯接受。

這回是張君和少女商量，帶我們去大上海飯店。連日吃上海菜的關係，感覺自己也有點上海氣息了。

在家鄉地自然感到輕鬆，少女們顯示露骨的好奇心詢問我。幾歲了？做什麼工作？結婚沒有？接下來要去哪裡……。我答說倫敦時，她們小聲地讚嘆。對明顯屬於社會中下階層的她們來說，到外國，尤其是歐洲旅行，依然是個夢中夢。

食慾滿足後，接著想動動身體了，少女提議去跳迪斯可。說是半島酒店的地下室有迪斯可舞廳，想去那裡跳舞。老實的張君似乎沒跳過迪斯可，但沒說不要。和想到就說、個性直爽的她們應酬，對他來說也不無樂趣。

香港迪斯可的收費和日本無異，飲料一杯，時間不限，例如，可樂一杯港幣十元。

節奏激烈的舞曲一轉而成慢調的曲子，回到座位上休息，陳靜儀指著一對身體緊貼的情侶說：

「喜歡那種跳法嗎？」

「不太喜歡。」

「為什麼？」

「不是太悶熱嗎？」

她緊接著斷然地說，應該不會討厭，「日本人應該都喜歡那樣子。」

這回換我問為什麼。

「That is Japanese style, we say.」說著，咯咯咯地笑個不停。

晚上十一點，走出迪斯可說再見。他們五人坐計程車走，我和張君走路回去。兩人漫步在週日的安靜夜路上，感覺像是老朋友。

「明天怎麼樣？」張君開口。

我說明天還沒決定，他就說一起吃午飯吧？說在他公司附近的餐廳如何？我想也好。張君的辦公室在香港島。明天就閒逛香港島一天吧！

我和張君分手，獨自走回旅館，不知哪裡傳來的優美弦聲。像被那音色牽引般走近一看，一個瞎老頭坐在坡路中間的石梯上拉胡琴。旁邊坐著氣質很好的老婆婆，抱著比胡琴略大一點的樂器，配合老頭彈奏。兩人奏出的淒美旋律流洩在夜九龍各處。

但是他們前面的空罐子裡只有三、四個銅板。

4

翌日，搭渡輪過香港島。

從彌敦道走到梳士巴利道，經過半島酒店和YMCA前，再走一小段路就看見碼頭。那是連接九龍和香港島的渡輪碼頭，中文寫著天星碼頭。

渡輪頻繁來去。來自九龍各處的各線巴士吐出的乘客源源不斷地被吸入渡輪，渡輪吐出的乘客又被那些巴士吸入。乘客等不到五分鐘就能坐上渡輪。

從九龍到香港島，渡輪航行時間約七、八分鐘，那說不上是航海的短短航行感覺煞是舒暢。海上微風吹來舒暢開懷，對岸高樓建築美輪美奐。這些只要一角錢的代價，實在便宜。

渡輪抵達的地方是中環，類似包括東京的丸之內、霞關、銀座和上野等地的兜町。

十二點差五分，我到張君的辦公室附近打電話。香港極少公共電話，但因為一般電話的話費比較便宜，因此到處都能輕易借用電話。我這時也到一家鐘錶店借電話，他們很爽快地答應。不過，打完電話後，店老闆很殷勤地問我買不買錶。

大約十分鐘後，張君來到鐘錶店前接我，穿著和昨天截然不同的上班族西裝。

他帶我去一家叫做陸羽茶室的老字號粵菜館。但是名店只有擺設厚重，服務方面並不講究，這種直接而實質的服務讓客人更輕鬆自在。附近商家老闆和上班族擠得座無虛席的中午，菜單是印在複寫紙上的填貨單而已。客人把自己想吃的東西和數量記入，立刻可以算出價錢，不用擔心荷包夠不夠。

茶是裝在小壺裡。茶杯很小，先放進裝著熱水的容器裡涮一涮。掀開茶壺蓋，店方會不斷添加熱水，可以連喝數十杯。

點心四種，青菜炒肉、油焖魚、炒麵、中式派。我不知道菜名，但吃得很滿足，兩個人才二十元。

張君付過帳，還陪我到一點半，我說不好意思，已經夠了，他才回辦公室。

和張君分手後，我沿著皇后大道向西閒逛。我想去貓街（cat street）看看。貓街的正式名稱是摩囉街，又叫小偷街。據說昨天失竊的東西第二天一早就會出現這裡，而且相當便宜。

我上坡下坡地找尋那條街時，偶然來到攤販群集的街道。坡道的石梯上攤販雲集，販賣各種商品。肉、魚、蔬菜、穀物、水果、南北貨，什麼都有。肉有豬、牛、羊、蛇、雞，都是活的，當場宰殺。除了生鮮肉類外，烤的、燻的、煮的等各種菜色所需的肉類一應俱全。

這裡有點像東京上野的雜貨巷，但攤販數量之多，客人神態之專注，是有些差異。客人不只是女性，不少男性也為當天的晚餐一樣樣仔細比較採買。

這一帶不只是攤販，也是店鋪密集地。中藥批發區旁是五金店區，還有布店和南北貨店。但有趣的還是攤子。每隔一個坡道，就會發現各式各樣的攤子。舊衣攤、雜貨攤、印刷攤、舊書攤等到處都是，連賣電視機和理髮的攤子都有。

有的攤子不知道是做什麼買賣。女人把布鋪在石階上，只是呆呆坐著。隨後來個老婆婆。女人讓老婆婆坐在布上，在她臉上撲上白粉，然後扯緊一根線摩擦老婆婆的臉。從客人都是老婆婆看來，這可能是一種老人美顏術，或是一種除毛方式，我始終沒搞清楚。

也有把臉盆放在路邊、賣樟腦推動的塑膠船的攤子，太令人懷念了，我和等著理髮的少年一起看著，瞬間就過了三十分鐘。

即使不到貓街也無所謂了。恐怕香港的所有街道都像貓街。所有地方都有攤販、貨物和人。那種不尋常的氾濫散發著連旁觀者也會亢奮的熱量。

「香港這個城市真夠刺激的！」我在返回九龍的渡輪上踢著走累的雙腿，心裡反覆這麼嘀咕。

節慶般熱鬧的香港

回到旅館沖個澡，稍事休息後又出去吃晚餐。

身體明明很累，可是在彌敦道上走了五分鐘，又被商家、行人和交通工具吸引得激起新的興奮來。朝彌敦道北方走十分鐘，碰上熱鬧的佐敦道。我彎進佐敦道看看。大百貨公司和餐廳連接不斷的大街盡頭，是油麻地碼頭。也有渡輪口和巴士站。

這裡有寬敞的遊戲空間，四周公寓住戶出來乘涼。有牽著小孩的年輕夫婦，也有利用海風放風箏的少年。風箏是和日本及美國不同的菱形風箏，沒有尾巴而咕嚕咕嚕地盤旋而上。

老太太懷中的幼兒開始哭鬧。老太太朝著幼兒屁股啪、啪、啪地打了三下。小孩放聲大哭，就好像打信號般，老太太撐開他的兩腿幫他把尿。

賣報的少年晃過來。他叫賣聲音節奏之好，讓人忍不住想買一份。

翻開報紙，都是漢字，看似了解，但重要部分卻不懂。這才有趣，我坐在水泥地上，開始專心看報。版面下方登著連載小說，看樣子像男女主角正在床上、或是正要上床，叫做亨瑞的痞子正拚命慫恿叫做南茜的女人。

「一點心理上的障礙必須克服。」

這時，亨瑞雙手擁著南茜的腰。亨瑞這男人也非常上道。於是南茜說「只要你不後悔」。亨瑞不但沒有停止，反而更加緊地吻了幾遍說……。雖然不完全了解，但情節可能正處風雲告急吧！不料，南茜開口說出的是這樣的台詞：

「……正式結婚呢？」

旁邊那版登著另一篇小說，不知為什麼，叫做優子的女孩被嫂嫂責罵。問題焦點好像是外遇。

「不，有關係，是嗎？優子。」

優子對這語氣自然地回答：「這事和我無關，大嫂。」

我雖然關心優子的命運，但在這裡先暫停一下，把報紙折好夾在腋下，又開始往前走。

經過幾條街，我仍繼續前行，突然進入一條人潮洶湧的小街。排著人牆。我踮著腳尖窺看，攤子老闆正在棚頂奮戰。對手是蛇。好像是宰殺途中逃竄掉的。老闆好不容易捉住沿著樹枝欲逃的蛇，從篷頂爬下，冷了看熱鬧人群的興致。

我繼續走，突然看到難以置信的光景：數百，不，數千個攤販沿路擺了數百公尺長，他們不是擺在道路兩旁，而是在路上四列並排，路兩邊則是普通商家。也就是一條路上密密麻麻地排了六列路邊攤，人潮摩肩擦踵地穿梭在攤子間的窄道。

夜市以服飾攤占絕對多數。沒有賣家常菜用的食品攤。這裡和白天時皇后大道周邊的熱鬧不同，明顯是專作夜間生意的攤販。

有賣現煮現吃的攤子。我以為是魷魚，沒想到是豬皮，也有煮魚丸。沒有定價定量。你給他兩角，他就給你兩角份的豬皮。要買一角四角都可以。一元港幣就可以吃到好幾樣，把肚子填得飽飽的。

賣章魚的是年幼的三兄妹。我給他們兩角，他們用剪刀剪下一塊，插在竹串上遞給我。哥哥用中國話跟我說話，我不會說，只能比手勢。他們很快認定我是啞巴，作出憐惜的表情。他們似乎壓根兒沒有想到我是外國人。說起來，這個大夜市裡確實不見觀光客的影子。吃完後，我說「Thank you」，他們訝異得睜圓了眼。

皮帶攤、鐘錶攤、鞋攤、首飾攤之間，也有當街賭博的男人。攤子上鋪著染著青色鯉魚和紅色蝦子的毛巾。老闆以電光石火般的迅速手法，將正方形的木斗罩在分別畫著鯉魚和蝦子的六面骰子上，讓人猜最上面的畫。一個面貌和善的中年人陷在兩個偽裝的顧客間苦戰。

電燈泡柔和的光、電石的味道、劣質糖果的鮮豔色澤、以及路上行人的說笑……，彷彿全香港的人都集中到這裡，那份壯觀令我不知不覺渾身發燙。

稍遠處是中餐的路邊攤，無數攤子群集。桌椅排在路上，大人、小孩、情侶等一起盛大地吃著晚餐。我被吸引得坐到其中一家椅子上，老闆理所當然地用廣東話問我吃什麼。這裡沒有菜單。我指指隔桌中年人吃的東西，老闆點頭，端來一盤叉燒飯。我想喝啤酒，我點了以後，旁邊的中年人默不作聲地請我喝一杯。

路上吹著舒服的風。聽著音樂似的異國話，吃著叉燒，喝光啤酒。微醺淺醉，好舒暢的幸福感覺。

從前的淺草也是這樣嗎？不是什麼廟會節慶的日子，卻湧來驚人的人潮。或許，香港每天都像過節一樣。八點半，天黑了，涼意冷清了夜市，一家人吃完攤子，回家睡覺去。平凡但豐富的日常。但，這真的可以說是日常嗎……。

彷彿小時候也曾經歷過這樣的日常。明知那是不可能的，但那種想法偏就那麼鮮明。

夜市大街走盡，但是我又閒閒地多走了一段夜路。再次大驚。這攤販大街竟然綿延不斷。不，剛才的攤販街不過是前奏、前菜而已。

我沿著夜市前行，有座廟，廟前是個廣場，形形色色的賣藝人吆喝生意。面相、耍蛇、賣藥、傳授治癌法、象棋殘局、鳥卦，還有三個走唱團唱歌奏樂聚集人潮。其中，六、七歲的男孩女孩唱歌跳舞，夾雜黃色笑話和動作的那家聚集了絕大多數人氣。尤其是那個女孩，堪稱香港的美空雲雀，充分發揮她天賦的藝人氣質，看得觀眾大為歡喜。表演告一段落，老婆婆拿著帽子繞到觀眾面前。看起來不怎麼有錢的人倒是大方地把錢扔進去。

往前走還是綿延不斷的攤販街，人潮在這裡更多。委身在人潮中，我非常激動興奮。不知道自己為什麼這樣著迷。總之，這裡是香港。我以前走過的地方和這裡比起來，簡直像殯儀館。這裡是香港，因為這裡是香港……。

回到旅館查看地圖，知道剛才那地方叫做廟街。

5

第二天開始，我著迷地穿梭整個香港。我走、看、說、笑、吃、喝。不論走到哪裡，總會遇上某個人、某件事。

例如，下午過海到香港島中環閒逛時，突然下起雨來。雨勢很大，不像馬上要停的樣子。沒辦法，我跑到航空公司的簷下躲雨。同樣沒預備雨具的人一個接一個跑過來，屋簷下立刻擠滿了人。這時，雨才下沒五分鐘，賣傘的就出現了。他左臂掛著十把傘快步跑來，時間之精準讓我為之啞然，一個躲雨的人很自然地買把塑膠傘，衝入雨中。

又如，在傍晚閒逛途中，走到一個大運動場。場地一隅有中學生在足球比賽，運動場旁有階梯式觀眾席，六、七個閒人躺在水泥地上看球。走累的我也坐到石梯上，觀賞稚拙的球賽。沒多久猛然發現，賣糖果的來了，在石梯上些許的觀客間兜售。

那些匪夷所思的每一件事都很有意思。走著走著累了，有時進館子，有時進咖啡廳或電影院。晚上就去廟街。閒逛路邊攤，在攤子上吃晚飯。人與物氾濫所產生的熱氣連我都感到亢奮。

香港每天都像過節。

當然，四百多萬人口的日常生活應該不可能「每天過節」。但是在我看來，真的感覺他們的日常生活就像過節一樣，或許是因為在廟街第一次印象太過強烈之故。

在香港的七天眨眼即過。我到移民局再申請延期居留七天。僚氣十足的女官員收了我三十港元，給我一週的簽證。

然而，那種節慶反覆多次後，我發現吸引我一個星期又一個星期繼續留在香港的，未必只是「每天過節」的那種氣氛。

香港有光有影。光的世界越燦爛耀眼，影子世界就越陰暗低沉。光和影的對比靜靜地沁入我心，讓我無法移開視線。

一天晚上，帶著廟街的興奮餘韻返回旅館途中，在佐敦道上遇到一個老人。他蜷縮在水泥地上，專心一意地寫著漂亮文字。他用粉筆一筆一劃用力地寫首漢詩。希望路人救救他這可憐的狀態。他用七言絕句表現這個想法。文字美而有品，內容也簡單易懂。例如，寫在路上的六首漢詩中最後一首：

炎炎夏雨〇〇愁
肺病呻吟幾度秋
昔日書生吟勝地
今宵老殘曳街頭

我怎麼也想不起第一句中的兩個字，雖然當時看過一遍就記在腦子裡的。愁思鬱鬱地淋著悶暑黃昏的驟雨，為肺病所苦的身子已經迎送好幾個秋天。曾經是賞遊勝地吟詩作樂的學子，如今卻以老醜之姿曝身街頭……。

讀他的詩時，正好三個人經過，其中一個斜眼瞄著大聲說：

「這個乞丐以前好像讀過倫敦大學。」

不流利的日語，大概是中國籍導遊，另外兩個是日本人。他們沒有特意停步，大聲說笑著走上附近的大酒樓階梯。

熱愛加勒比海的海明威有部以西礁（Keywest）為舞台的話劇體裁小說《擁有和沒有》。我不知道原來的書名是什麼，我在大學猛K經濟學時，經常盤據思緒的就是「Haves and Have-nots」的問題。擁有者和沒有者。在這香港，擁有者和沒有者的對照極其鮮明。

但若說擁有者常保富裕、沒有者常居貧困，又不是那麼簡單。

——貧困對我來說未必值得討厭。因為太陽和大海絕非金錢可以買到。

肯定是海明威讀者的卡繆（Albert Camus）確實說過這話。

受失業青年招待

小雨中，我來到筲箕灣。從香港島的德輔道搭電車到終站，就是筲箕灣。筲箕灣細雨如煙，被無數的舢舨埋沒。這裡不是觀光地，只有人住的舢舨和簡陋木屋。我漫無目標地走著，木屋和木屋之間的暗處有東西蠕動。仔細一看，是一個人。穿著襤褸黑衣、渾身污垢的流浪漢。再走過去，路邊有躺在地上淋雨的老太婆，連呻吟的力氣都沒有，只從氣管發出嘶啞的聲音，裸露滿是污垢的下半身爬著。

海灣附近有幾間館子。其中一家是麵店，飄出誘人的香味。我看著歐巴桑煮麵條，跟日本火車站內立食麵店的煮麵法很像。客人在攤子上的五、六種麵類中指定自己喜歡的，有像是拉麵的黃色油麵，也有近似烏龍麵的白麵條。歐巴桑瀝掉水分，裝進大碗裡，灑上香菜和像是炸蕃薯的東西，淋上大骨湯。一碗好像一元港幣。

我看的時候，一個年輕人過來。是覺得呆站麵店前的我有點可疑嗎？他用中國話問我。我不懂他的意思，一直看著他的嘴角，這時他改用英語問我。

「肚子餓嗎？」

我點頭。

「哦，我也一樣。」

他的穿著粗糙，機油污髒的土黃色短袖襯衫，長褲剪成的七分褲，穿著涼鞋。

「你從哪裡來的？」

我說日本，他眼睛一亮。

「日本……，日本一定有很多工作吧！」

他是香港龐大的失業族之一。本業是油漆匠，現在打零工，一天工作賺個十七、八元。但是三天中一天有工作就值得慶幸了。父母已死，沒有兄弟姊妹，一個人輕鬆過日子，說著笑了。

「你住在哪裡？」他問。

「九龍的招待所。」我說。

他說那好，出乎我的意料。之前聽說我住在招待所的人通常都一副不以為然的表情不搭腔。

「我的窩……」他指著附近一棟快要倒塌的老建築頂端說，「……那個頂樓。」

「頂樓？」

「對，頂樓。」

頂樓究竟是屋簷下還是屋頂上，沒有固定的說法，我遙遙一看，屋頂上有個木板搭建的小屋。

「舒服嗎？」我開玩笑地問。

他浮現天真的笑容說：「只要不下雨。」

他熱心地問我一些日本的事情。每聽一個就眼睛發亮，用中國話說給旁邊的人聽。麵店老闆娘和客人都仔細聽他口沫橫飛地述說。

「要是去到日本……」

他表情像作夢似的呢喃。

不知說了多久。突然他說吃麵吧！歐巴桑煮的白麵條味道像日本的烏龍麵，清爽的鹹湯很合我口味。但是吃完麵，他用中國話對歐巴桑說了幾句，對我留下一句「Good bye」，錢也沒付就走了。本來讓我請客也無所謂，但他連一句謝謝也沒有，感覺好像被高明的手段耍了，我洩氣地拿出刻著伊莉莎白女王肖像的硬幣。

可是老闆娘說不要，起初我還傻傻得以為因為我是外國人而免費請我，但並非如此。從老闆娘和客人拚命解說的手勢和動作中終於搞清楚，油漆匠走時跟他們說，明天應該會有工作，我們兩人份的麵錢先欠著……。我還讓失業的年輕人請吃午飯。覺得自己淒慘得可憐。可憐的不是被請，而是瞬間曾懷疑他。至少，擁有王侯氣派的不是身懷數十港元的我，而是一文不名的他。

徘徊香港，深夜歸來時，彌敦道的夜總會和俱樂部前面，總是有香港的年輕閒人駐足等待女人出來。女人穿著華麗耀眼的衣裳一出來，周圍瞬間亮麗起來。

我繞過那裡，走上回旅館的坡道，坐在石梯上的老夫婦必定拉著胡琴。看到他們前面的罐子裡裝了許多錢，我總會鬆一口氣地走過。

6

旅館果然是如我想像的幽會旅館。

根據我的打聽，招待所本來是為中國人而設的簡易旅館，現在多半是提供香港男女一夜情的地方。招待所的招牌若加上夫人字眼，就是明顯的妓女戶，但這兩個幾乎沒有差異。也就是說，一般招待所都妓女戶化了。

我住的黃金宮殿本身並沒有女人，主要是客人帶來，或客人需要時打電話叫來。當然，這家旅館的可疑並不因此有所變化，但分辨清楚盤據在大廳的男女長相後，不安也隨之減少。

習慣以後，居住的感覺也不壞。老闆人不錯，精明的老闆娘也對我照顧不差，可以說他們頗禮遇我。如果說這是出於他們敦親睦鄰或是大方無私的精神，對香港商人來說或許失禮。沒多久，我就發現他們的好意不無道理。

金宮招待所租用這棟雜居大廈的四分之一樓面，內部格局是櫃檯兩側各四個房間。總共八間房。即使是週末的最興隆時段，也少有客滿的時候。客源不繼，旅館總是冷清閒散。在這種狀況下，雖是單身卻長期居住的我大大有益於旅館的穩定經營。

招待所雖然沒有專屬的女人，但有頻繁叫來的女人。她們沒事時也會過來，在陰暗的客廳和看不出從事什麼職業的男人打麻將。其中有位叫做麗儀的二十一歲女人，像香港的大部分女性一樣，腿很漂亮、皮膚光滑。

第一次見面時，她露出「這傢伙為什麼住這種地方」的訝異表情，不久，看到我就用廣東話快速寒暄，不管聽得一頭霧水的我，獨自大聲笑著。

我站在他們背後呆看他們打麻將時，旅館員工會附送一瓶他們喝的可樂請我。贏了就笑，輸了就敲牌，在那些輸贏都面無表情的牌搭子中，只有麗儀顯露喜怒哀樂的表情。

麗儀完全不會說英語，除了寒暄，無法多談，有時透過老闆娘翻譯聊聊。年齡？住哪個城市？喜歡香港嗎？雖是無聊的話題，對我來說不無樂趣。

旅館生意清淡的星期一晚上，馬春田來約我去找女人。

馬是我在旅館裡認識的四十多歲船員，是老闆的朋友，他的船正停靠香港，經常出入旅館。他知道我是日本人後主動跟我搭訕。

「我叫馬春田，日本人都叫我 Haruda san（春田先生）。」

流利的日本話讓我吃驚。其實也難怪，因為他在長崎有個情婦。

這個馬春田外表看不出是那麼精力絕倫的樣子，但是他打從心底喜歡女人，不論什麼話題，最後都會扯到女人。有一次他帶同船的巴西船員來，介紹時，我社交性地問幾乎走過世界主要大港的他覺得哪個港口最好。橫濱不錯，香港也不壞……，他像《羅馬假期》裡的安妮公主般含糊其詞，馬春田突然插嘴說「香港不好」。

他的認真模樣引起我的興趣，問他「為什麼」。

「女人不好。」他以堅定的口氣斷然回答。

「哪點不好？」

「不溫柔。」

他這麼說後，我試想一下，香港女性的確是讓我感覺精明厲害、不夠溫柔。

「不過，腿很漂亮啊！」我說。

他搖搖頭，「那種東西抱起來像木棒。」

「皮膚不是很光滑嗎？」

「冷冷的，不好。」

既然這樣，我就問馬春田：「那，哪個港最好？」

「檳城，檳城的女人最好。」

聽到馬春田說出檳榔嶼（Penang）這個地名，巴西船員的表情大動。全世界就屬檳城的女人最好。他知道馬春田這麼說後，也大聲地吼著「Yes, Penang!」意見完全一致的兩人接著不斷談起自己在檳城遇到的女人有多好。本來對女人頗有自信的巴西船員遇上馬春田那具體而微的說明，也不得不時時沉默傾聽。

就是這個馬春田說要去找女人。我說，你不是說香港的女人不好嗎？他認真地說這是兩回事。我敷衍說要找就在這裡不好嗎？他回答說這裡太貴了，還興奮地說他發現一個很棒的娼館。

「油麻地？」我不懂裝懂地說，他付之一笑，「不是那種地方。」

既然他會那麼興奮，一定有他的理由。我也想去看看究竟是什麼樣子。我稍微露出猶豫的神色，他突然表情抱歉地說：「對吧，老兄，沒錢是吧！」

我不是沒錢，只是顧及今後的長旅而節儉用度，進出旅館的人都把我看做是窮光蛋。

不，我嘴裡咕咕噥噥，他揮揮手說不要勉強。我從過去的表現也很難開口說我有買妓的錢，於是閉口不語。

馬春田離開旅館時看到坐在客廳沙發無聊抽菸的麗儀，上前搭訕。大概說了些黃色笑話，他露出牙齒獨自笑著，麗儀生氣地轉過臉去。

他走了以後，我好像有嚴重的失落感。我回到房間，躺在床上看報紙。

過了十分鐘左右，有人敲門。打開一看，麗儀站在門口。我問她有什麼事，因為言語不通，也是不得要領。這是我們第一次站著面對面，我請她進來。

麗儀好奇地環視內衣褲和報紙散亂的房間內部。她是第一次進這個房間，看她的樣子不像特別有事，像是來玩的。畢竟是她的好意，但是老闆娘不在，不到五分鐘彼此就沒話說，隨即沉默下來。

我坐在床上，麗儀坐在窗邊的椅子上。她有點不知所措地轉動視線，發現桌上的航空信箋，拿起旁邊的原子筆。

1234567890

麗儀寫了十個數字，然後叫我寫同樣的數字來看。我不明白要作什麼，但照她說的寫下。接著她在數字旁邊又寫了一遍。我也重複再寫出十個數字。

麗儀凝視兩列數字一會兒，然後在別張紙上寫著：

有恆心
胸襟廣大

好像是在占卜。寫兩遍同樣的數字，從中看出性格。的確是我也容易理解的占卜。她寫我有恆心、胸襟廣大，我確實有「沒錯，我是有恆心而胸襟廣大」的感覺。麗儀拿著原子筆想了一下，在旁邊又加上兩個字。

孤寒

我看到瞬間心臟猛然一抽。日本沒有這個詞彙，她卻明確地傳達出她要表現的意思。孤寒。讓我覺得在和那優雅措詞表裡不一的冷冷文字影像下隱藏著我真正的性格和未來。

（孤寒、是嗎……）

可是，我無法長久耽溺在那份思緒裡。和麗儀兩人在狹小房間裡沉默相對的狀態總令人感到窒息。她也一樣，像坐不住似的不停搖著身體。她終於站起來，嘀咕一句後，逕自走出房間。我好像聽到handsome的發音，但從她僵硬的表情看來顯然不是那個字。

她說的到底是什麼呢？後來在大廳見面時她依然態度不變地和我聊天說笑，但我一直掛在心上。後來我把這事告訴在香港認識的日本人，他們笑著說她或許說的是粵語發音的「鹹濕」，是色狼的俗稱。

可是，我一根指頭也沒碰她，為什麼罵我是色狼呢？我似懂非懂。如果當時突然侵犯她，反而不會被罵是色狼嗎？不，還是會罵吧！既然都要被罵是色狼，為什麼那時……，我懊惱著，但這已是馬後砲。麗儀此後沒再進我的房間。

7

隨著時間經過，我越來越輕鬆。沒想到只會一句話，只會坐一種交通工具就能如此自由。

關於語言，我不是沒有不安。沒有能聽能講的外國話，學了十年的英語若不在腦中並列單字，連問路都做不到。實在難以想像這樣能作幾個月的旅行。

但是在香港度過幾個星期後，我發現自己對於語言的不安已蕩然消失。

應該不是來到香港後英語突然變好了的奇蹟。只是排列單字的英語依然沒變，稍微複雜一點的句子就無法開口。但我知道這並不足為懼。嘴巴若不能說，可以動手，動表情，總能傳達意思。其實遇到的都是平凡事，問題在於有無傳達意思的意願。

在英語問答中，注意到蘊藏在英語中的獨特措詞，就記下來，下回和人對談時用用看，如果行得通，就因此確實學會一句話。在這之中，對英語的信心也大幅增加。至少，我是這樣。

當然，不是所有香港人都講英語。雖然是在英國統治之下，說英語的人毋寧是特殊的存在。想和香港人說話，除了廣東話外別無他法。我一一學會「你叫什麼名字」、「這多少錢」、「這是什麼」的廣東話，但不知能和香港人自由接觸到何種程度。但是我在香港能夠消除對語言的不安，是可以和香港人筆談的因素大過消除對英語的畏懼心態和學會廣東話單字。

面對即使說英語的人，當意思無法溝通時就要對方寫出來，想像字裡行間的意義，我隨意排出的漢字，竟然也能讓對方理解。對方寫的漢字很難或是日本已不使用，或是我寫的漢字是日本式簡體字時，幾經溝通，到最後總是能想辦法理解。有時候比蹩腳的英語還能互傳心底深處的微妙陰翳。

我的口袋裡隨時放著紙筆。

六角港幣的豪華船旅

走繞香港時，除了三輪車外，所有交通工具我都利用。雙層電車、巴士、小型公車，難得坐計程車，最常坐的是渡輪。尤其是天星渡輪，去香港島時當然要坐，沒事時也會茫然地坐上來回一趟。我喜歡天星渡輪。

天星渡輪因時間不同，白天有白天的、晚上有晚上的舒適感受。陽光燦爛的白天，在碧藍海面畫出一道雪白的航跡，海鳥悠閒飛舞其上。大氣變成淡紫的黃昏時分，對岸的高層建築群開始點上柔和的燈光。而夜意漸深的闇暗中，映在海面的美麗霓虹燈影隨波蕩漾。我一坐上這天星渡輪，之前置身街頭的興奮立刻消褪，心緒變得平靜。

我想不只是我，香港的居民可能也一樣。因為我經常看到已往返數百、數千趟的他們，溫柔的視線投注在那和渡輪動靜一起變化的風景裡。幾乎沒有人翻看書報，男男女女、老老少少，多半眺望著對岸的建築，往來的大小船隻和風中濺舞的水花。

在這人們密集在狹窄的空間裡叫、笑、哭、吃、喝，產生大量蒸騰熱氣而喧囂的香港，只有這海上渡輪有著不可思議的靜謐。那對沒有宗教或政治絕對信仰的香港人來說，可能是唯一的神聖場所。

付了一角錢的船資，在入口的冰淇淋店買了五角錢的霜淇淋，坐上渡輪。坐在木板凳上，吹著涼爽的海風，舔著霜淇淋。對岸的光景永遠都那麼美，百看不厭。我出神地望著，咀嚼霜淇淋殼的聲音有節奏地傳到耳裡。這股悠閒的心情該如何比喻呢？我只花了六角錢。即使有更多錢也不見得能得到比這更舒暢的感覺。只要六角，王侯乞丐都能平等地享受這豪華的航海。

六角錢的豪華航海。我很高興地為這趟不過七、八分鐘的船旅如此命名。

在香港島糊塗玩到深夜，沒趕上凌晨兩點開的終班渡輪時，就只有搭小型渡船了。這是專為香港夜貓族特設的渡輪，在大渡輪停駛的深夜數個小時間，從天星碼頭附近的碼頭往返兩岸。

即使渡輪收班了，香港島和九龍之間還有海底隧道相通，可以搭計程車回去。但從香港的物價水準來看，費用格外昂貴，必須有心理準備。此外，計程車司機在車資外也要求付過隧道費，加起來是筆不小數目。小渡船雖比只要一角的天星渡輪貴，但也不過一元而已。

我坐過幾次小渡船，第一次坐時好緊張。

付錢上船，裡面已有幾組乘客。坐上十五人就客滿的小小船艙裡，十個左右的男女靜靜等著開船。幾乎都是年輕人，沒有一個看得清楚國籍。從長相、服飾都無從想像。有像西方人的，有像東洋人的，也有像是混血兒的。這些無國籍風貌的年輕人沉默得連聲咳嗽也沒有，只是眼睛發亮地互相打量。那樣子相當詭異。在抵達九龍碼頭的三十分鐘航程裡，我莫名地感到窒息、身體僵硬。

但是坐過一次以後，這有點怪異的小渡船也變得方便而有趣了。它讓我的行動半徑變得更大，夜晚也變得更長、更加自由。

當然，感覺自由不只是在語言和交通工具上的心理狀態，物理上也真的變輕了。長期留宿旅館後，我已自在地把貴重物品留在房間裡。因為我知道可以信賴老闆夫婦和員工。我就兩手空空地閒逛街頭。

什麼東西都不帶，輕身簡裝地逛街實在輕鬆。

香港街路的味道沁入我的皮膚，我的體熱融化在街頭的空氣裡。在街邊買份華文報紙挾在腋下行走，常被香港的歐吉桑、歐巴桑叫住問路。只要我不吭聲，沒有人當我是外國人。身在異國卻不必承受來自異國人的特別關心。我睜著好奇的眼睛張望，對方卻一點也未察覺。這使我嘗到一種變成透明人的快感。

香港仔的小孩

一天晚上，從廟街歸來，又漫無目的地上街。坐上渡輪過香港島。

我茫然地走在行人已少的皇后大道時，突然想再去看看白天才去過的香港仔。在這個時間，從中環坐巴士去，二十分鐘就到了。

香港仔是以數千艘以船維生的水上人家和水上餐廳為賣點的著名觀光地，聽說晚上也有船妓。

巴士坐到終站，就是香港仔。下車瞬間，異樣的光景映入眼簾。

水邊的馬路上並排停著三輛大型觀光巴士。在水上餐廳吃完飯的觀光客大批走回車上。這時，盤據四周的水上人家手裡拎著大量特產品一齊圍住巴士。大人是不用說，也有年幼的孩子。

「這個，五百圓。」

「很便宜，特產呦。」

「不買是損失哦。」

他們用日語單字叫賣。客人像灑錢似的搜購，好像不買真是損失。有來不及換港幣直接用日圓買的歐巴桑。我在旁邊看呆了。戰鬥持續進行約五分鐘，觀光客像怒濤般襲來，又像怒濤般地退去。

看不見巴士以後，剛才狂奔兜售特產的少女像什麼事情也沒發生過般，表情平靜地開始玩跳繩。住在附近的男孩女孩一起出來玩耍。雖然已經晚上十點，四周乘涼的大人也沒有罵他們。

跳繩的玩法和日本一樣。兩個人拉住繩子兩端朝同方向甩，其他人一個接一個跳進去又跳出來。我觀看一會兒，突然也想跳，用日本話問他們我可以跳嗎？他們雖不懂意思，但立刻讓我排著跳。

玩了一陣，大夥兒自然而然地圍成圓圈坐下來。這時一個六、七歲看來頗淘氣的男孩經過。他和在座的小孩互開玩笑，但看到我的臉後，積極地跟我講話。他那討好的表情像努力要傳達什麼，可是我怎麼也無法理解。

有略懂英語單字的年長小孩不停地翻譯小男孩的話說afternoon、afternoon。

下午？

是的。

小男孩又開始說ho、ho。

「Ho?」

我反問他，他用力點頭。

「Ho, Mrs Ho.」

「Mrs Ho?」

「嗨！」

我有點懂了。Mrs Ho嗎?何太太。下午的那個女人一定就是何太太。

「你說何太太,對不?」

我彈了一下手指,他也高興地附和。

「嗨、呀——」

小男孩是想說今天下午看過我。

那時,惹惱了何太太吧!

沒錯,真可怕,那個何太太。

我做出頭上長角的樣子,孩子們都理解似的笑了。

白天時,我第一次來到香港仔。之前,虎標花園、維多利亞公園、淺水灣等香港著名的觀光地都沒去過。嘗過一次漫無計畫的散步樂趣後,對預先決定目的地或做任何決定都敬謝不敏。但又覺得至少該到其中一個地方看看,於是選擇聽說水上人家很多的香港仔。

的確,第一次看到無數的小船擠滿了港灣、售貨小船和渡船往來狹窄縫隙間的情景相當衝擊。但吸引人們眼光的只是最初的五、六分鐘左右,只要沒有特別的目的,觀光客在水上餐廳吃完飯便立刻回去。

我在港灣的四周閒逛。有座小廟,也有像是難民村的聚落。再往前走,有座小巧的學校,像是小學,門前有許多兒童遊戲。男孩空手追逐,女孩跳繩,附近是個文具店,也有小孩在那裡買糖果吃。十點三十分左右，並非放學時間。曾聽說過香港還是兩部制，他們大概等下午班上課。

那天，我很難得地帶著照相機。我一擺好拍攝姿勢，學校門前玩耍的小孩都害羞地逃開。其實拍不拍照無所謂，我是想藉此和他們交談，但他們怎麼也不讓我照相。但還是很關心，躲得遠遠地凝視著我。

我收起相機，從口袋掏出紙張，用大動作寫下文字。於是剛才躲得遠遠的三十個小孩又一擁而上圍過來。什麼、什麼、這個人寫了什麼。哇哇呀呀。一個人讀著：這裡是哪裡？

「香港仔！」

他們一齊回答。接著他們七嘴八舌地問我你從哪裡來，其中一個寫在紙上。日本。我一寫下，他們就彼此低語「是日本人、這個人」。一個看似聰明的少年搶著出風頭，寫著「日本哪裡」，我在紙上寫了「東京」，看著我筆劃的小孩一起合唱似的大叫。

「東京！」

一個小孩看著我的臉問：「姓名？」

我寫名字時想了一下，沒用簡體字，而用舊字體，大家都看懂了齊聲說：「澤木！」

小孩爭相發問。幾時來香港？幾時回日本？住哪裡……。大家吵得不可開交時，學校裡面走出一位中年婦女，厲聲斥責孩童。好像是下午班的上課鈴聲響了。孩子們聽到她的聲音，立刻鳥獸散，消失到各自的教室裡，那位很凶的老師就是何太太。

我也和白天時一樣開始筆談。小孩都對我這外國人感興趣，聊得很帶勁。當然，只是紙上會話。說談得很起勁很奇怪，但是他們想說的話生動地傳達給我。他們的臉充滿了純樸的好奇心。

其中，有個臉頰圓嘟嘟、像是中國版蓓蒂小姐的七、八歲女孩對我有高度的興趣，想知道許多事。我以為她突然走了，但她立刻右手藏在身後跑回來，然後靦腆地伸出右手說：「西瓜！」

她手上有一片西瓜。大家都勸我吃，難得地飽嚐一頓口福。

不知玩了多久。心想太晚了也不行，於是交換地址。

我寫在紙上交給她，蓓蒂小姐高興地塞進胸前口袋裡，但沒有寫她自己的住址。我把紙遞給她催促她寫，她只寫了陳美華。妳的住所呢？她只是很奇怪地看著我。我試著把想到的住所、住處、居處等字眼寫出來，她總算明白我的要求，用力點頭。

你猜她怎麼做呢？

她跑開了。一直跑到這條路和大馬路交叉的路口，抬頭看路標抄下來。但在那時我還不知道她在做什麼。

她氣喘吁吁地跑回來，笑嘻嘻地把紙遞給我。上面寫著：

陳美華湖南街

她是水上人家，應該沒有住址。她的開朗笑臉衝擊我的胸口。

該回去了吧！我用日語嘀咕。

你等一下要幹什麼？孩子們問。

我想再四處逛逛一下就回去。我用手勢說明，蓓蒂小姐的臉色沉下來。站在我前面，用食指在我胸口寫字。細細的指頭在白色T恤上移動。但是什麼字我不清楚。我歪著頭，她又寫了一遍。

晚。

我明白後，又寫一字。

女。

蓓蒂小姐好像寫了晚、女兩個字。晚上與女人，還是晚上的女人。然後像問「是嗎？」的表情窺看我的神情。我想她可能誤解我在這邊徘徊是想找女人，也可能是我神經過敏，我彷彿看到她的臉上浮現「你也是這樣嗎？」的失望神色。

我明白了。她既然這麼想，我索性直接回旅館吧！要散步隨時可以再來。

我到附近的車站坐上巴士，揮揮手說「Good bye」，男孩、女孩和蓓蒂小姐都用力地向我揮手。

第三章

骰子之舞

澳門

澳　門
0
250
500
公尺
國境關閘
難民街
跑馬場
跑狗場
難民街
望廈古堡
賽車場
聖保祿大教堂
中央大砲台
儲水池
澳門皇宮
聖多明各教堂
飛翼船碼頭
葡京娛樂場
總督府
葡京酒店
西望洋聖堂及
主教堂
峰景酒店
外港
北
媽閣廟
澳氹大橋

1

海水不是湛藍透明的。不是藍色，是綠色，像是彌敦道珠寶店櫥窗裡的翡翠般沉甸甸的綠色。飛翼船震著小小波浪，飛快滑行在質感濃稠的水上。海色更綠更濃，突然被褐色的水潮侵入。含著大陸黃土的河水匯流進海，大概接近陸地了。

離開香港一個多小時，四周水域化成一片泥海時，船已抵達澳門。

澳門。從香港坐交通船要兩個半小時，搭飛翼船只要一半的時間。這兩個都市明顯屬於不同的國家。在香港上船時，出境卡必須登記，到澳門碼頭時必須出示入境卡。從有港簽即可進入澳門就可以知道這兩個地方結合多密切。碼頭簽發的觀光簽證收費二十五澳門元，也是二十五港元。澳門幣和港幣是聯繫匯率，幾乎等值。在澳門市區裡可以直接使用港幣。不過，兩者雖然等值，地位卻不對等，從港幣可在澳門流通、澳門幣不能在香港使用即清楚顯現。

辦好入境手續，來到碼頭前的廣場，排著二、三十輛老舊的黑色計程車。旅客陸續坐上計程車離去。我望著這場景，心想，怎麼辦？

我一開始就不想坐計程車。是因為錢的關係，但更重要的是，我還不知道該往哪裡去。澳門這地方有些什麼，我一無所知。

在日本人印象中，澳門幾乎就是賭博城市。稱它「東方的蒙地卡羅」。一些別說是蒙地卡羅，連拉斯維加斯也去不成的好賭之徒就來這裡輕鬆地享受賭場的氣氛。

但是，我來澳門不是為了賭。也沒什麼大不了的理由，只是想來看看。想暫時離開香港的喧囂和熱氣，稍微喘口氣。在香港時，四處閒逛、遇到某些人和事而亢奮，讓我感到意想不到的疲勞。

我只把隨身用品塞進一個小袋子就離開香港，打算在澳門盤桓一兩天。

我走在沿海的馬路上。走到岔路口。我選擇走左邊。我是根據一兩公里前方有棟黃色雄偉建築和計程車三輛中有兩輛都是向左，判斷往左走大概不會錯。出來旅行後，我的直覺變得非常敏銳。

陽光熾烈，柏油路反射的白光亮得刺眼。路上不見一個行人，除了載完客人趕回碼頭排班的計程車疾馳而過外，連聲音都沒有。

走沒多久，看到兩隻狗維持著交媾的姿態走著，那樣子既滑稽又可憐。毛色黑亮的公狗體型較小，有些髒的白色母狗幾乎比牠大一倍，小公狗趴在大母狗背上被拖著走。

母狗就讓異物插在體內自在地走著。每走動一步，公狗就發出金屬摩擦般的哀嚎。牠只能用後腳痛苦地走。母狗毫不顧慮牠的哀嚎，自在地走著。這時，放學的男孩經過，發現兩隻狗的難看姿勢，撿起路邊的竹竿靠近牠們敲打柏油路面。尖銳的聲響嚇得母狗四處亂竄，公狗也跟著步履踉蹌，發出痛苦的吠聲。

狗逃到小路上，男孩也追過去，馬路又恢復平靜。除了我的鞋聲外，聽不見任何聲音。死寂般的街道。

突然，一張臉浮現腦海。

我大學第二外國語選的是西班牙文。不是為了可以讀原文的塞萬提斯（Saavedra Miguel de Cervantes）或找工作，只是因為不想學德文、法文、俄文和中文。不過，連我自己都很意外，我上課非常認真，因為西班牙文老師的課很有趣。他身材微胖，戴著眼鏡，講話很急。一段時間之後才知道，他講話急是因為想講的東西太多。九十分鐘的課，他大概教讀課本十五分鐘，其他時間必定談起訴說不盡的自身經歷。

西班牙文老師是兼任講師，本來在某女子大學任教，研究日歐外交史，專攻十六世紀到十七世紀間日本和南歐各國的關係。上課時，才談到耶穌會和南蠻貿易，不知不覺就跳到他在西班牙和葡萄牙的研究生時代；才說到在蒐集當年赴日傳教士寫回本國書信的古文書館中發現一封意想不到的信時的感動，話題又轉到日本的新幹線，吹噓說馬德里和巴塞隆納之間有三、四個小時就到的火車，隨你相信與否，反正東拉西扯，沒完沒了。

在他的談話中，不在南歐卻頻繁上口的都市有三個：臥亞、麻六甲（Malacca）和澳門，都是葡萄牙的亞洲貿易前進基地。這些城市的光榮時代已伴隨葡萄牙的沒落而去，如今成了歷史化石般的地方。在他口中，臥亞和麻六甲都是很有意思的地方，我對澳門尤其印象深刻。

澳門是靠生絲銷往日本和進口日本的白銀而繁榮，但隨著日本對基督教的壓力增強，和日本的貿易也變得困難。它是耶穌會在東亞的傳教基地，澳門市民精神依託的聖保祿大教堂像是和澳門沒落的命運與共般被燒燬，只留下一堵前牆，其他全都灰飛煙滅。

微胖的中年男人大氣不喘、喋喋不休述說站在那堵牆前的感動模樣實在有趣。讓人真切感受到若是沒有這份熱誠，也不會賭下一生去翻譯傳教士五百年前寫的書信。當然，因為太過熱愛，也拿十六、七世紀傳教士寫的書信來考初學西班牙文的我們，則讓人受不了……。

我走在無人的路上，想去看看聖保祿大教堂的遺址。但此刻得先找到市中心不可。走到那棟黃色建築物著實花了不少時間。抵達一看，是葡京酒店（Lisboa Hotel）。後面有個寫著「葡京娛樂場」的出入口。葡京娛樂場就是葡京賭場，不論是哪個，似乎都和我無緣。

葡京酒店前有條和海岸大道成直角的馬路，大概是澳門的主街。沿著那條馬路走了三、四十公尺，和一條大街交叉。我看路標，寫著南灣街。

我知道往前直走，就是澳門的鬧區，但我左轉南灣街，因為看到對面有座小高丘。我想到山丘上俯瞰澳門。

沿著海岸繼續前行，右邊是綠蔭濃濃的安靜住宅區。爬上坡路，美麗的洋房映入眼簾。到處是淺粉紅、藍、黃和淡青色牆壁的南歐式屋宅。我霎時錯覺一腳踏進某個西洋城市裡。像童話世界突然闖進看慣了香港雜居大樓和難民木屋的眼睛裡。回頭望去，坡路像是直落下海。葡萄牙也是這樣嗎？聽說里斯本（Lisbon）也是多坡路的城市……。

坡路上上下下，來到一棟老舊的三層樓房前。看起來不像普通住宅。

峰景飯店。氣氛頗有排場。本想逕自走過，轉念一想，只是看看不會收錢吧！就藉口說想參觀內部裝潢，或許可以像在半島酒店一樣弄到免費的澳門地圖。於是我大刺刺地走進去。

內部構造是中央挑空樣式，迎面是鋪著地毯的大樓梯。房間圍著挑空的迴廊分布在二、三樓，數目不多，真是浪費空間的設計。飯店裡毫無人蹤。我躡手躡腳地登上二樓，還是不見人影。櫃檯上有個「有事請按此處」的按鈴。看到這種東西，我就忍不住想按按看。

鈴……，裡面走出一位中葡混血的漂亮女人。她眼露知性、挺直背脊，像問我有什麼事，我說不出「能免費送我地圖嗎」，不覺脫口而出：「有房間嗎？」

「有。」

她還沒回答我就已經後悔了。這麼安靜，不可能沒有房間。我該怎麼拒絕呢？這顯然不是我想住的飯店。

「……多少錢？」我無奈地問。

「五十元，附早餐。」

我沒聽錯吧！澳門幣五十元就是港幣五十元，還附早餐，這不太可能吧！難道澳門幣對港幣不是一比一？

「港幣呢？」我問。

「一樣，五十元。」

我有些不敢相信，但事在人為，又問：「可以再便宜點嗎？」

她略為考慮一下，點頭說：「四十元吧？」

其實就算分文不減我也打算住了。二千四百日圓，雖比黃金宮殿貴得多，但以這種等級來說，算是格外便宜。我在香港一分錢也捨不得亂花，在這裡奢侈一天也說得過去。而且，這不過是二千四百圓的奢侈而已。

我說要住，看到房間後更是喜出望外。我本來擔心她會給我較差的房間，但這完全是多慮。

房間相當寬敞，放著兩張大床後還很空，浴室也和我在黃金宮殿的房間一樣大。我尤其滿意天花板很高，是一般房間的兩倍。我猛然回想，睡過天花板這麼高的房間嗎？

感覺好幸福，打開百葉窗，外面的風景更令我驚喜。眼下就是海。即使水是褐色的，但海就是海。久住黃金宮殿那一開窗眼前都是擁擠建築裡大白天都必須開燈的房間後，光是面對這一片海景，就有說不出的奢侈感覺。

仔細打量，房間的擺設比外觀還老舊，走動時木頭地板發出吱吱的聲音，床下一隻特大的蟑螂悠然漫步，但我的幸福感覺不變。我呈大字形躺在床上，望著挑高的天花板，湧起朦朧睡意。

2

醒來時陽光已弱。想在天黑前再逛逛街。我又到櫃檯按鈴，向出來的中國人打聽，葡京酒店前的馬路果然是澳門中心，叫「新馬路」。

但是從南灣街逛到新馬路，感覺一點也不像是繁華鬧街。雖然商店林立，很少往來行人。

看到一間書店，我探頭望望。和香港一樣，這裡也氾濫著以毛澤東著作為主的共產黨文獻。我問老闆有沒有地圖，他遞給我寫著〈澳門詳圖〉的小型摺疊式地圖。中文和葡萄牙文並記，很有意思。

地圖封面下黏著「澳門遊覽指導索引」，市政廳、名勝古蹟、寺廟學校、飯店、碼頭等名字都對照地圖裡的號碼。我想去聖保祿大教堂看看。

我一行一行慢慢地查看索引。大三巴牌坊，是聖保祿大教堂現在的華文名字。我走向教堂所在的大三巴街。穿過庇山耶街和草堆街，來到一個大階梯下。階梯上確實建著教堂。從底下仰望，很難相信只是一面牆。但窗戶後面空無一物。

我緩緩爬上階梯。黯然的壁面有雕刻，但站在底下，完全看不出是什麼。階梯盡頭，本來是進入教堂的門，如今只是個空洞的門戶，成為兒童絕佳的遊戲場所。

一個人當鬼，去找躲起來的小孩，一發現就大聲叫他的名字，再趕忙跑回壁前。被發現的孩子便黏在牆邊，其他孩子趁鬼離開找人時跑過來，唸一句咒語，就可以解放被黏住的小孩。這和日本的踢罐子遊戲很像，只是日本小孩用罐子代替牆壁而已。想到澳門繁盛時代的聖保祿大教堂前牆如今扮演這樣的角色，我那西班牙文老師的心靈如何不起波濤？

太陽向西邊傾斜。

我坐在吸足了陽光的溫暖石階上，一個中年婦女拎著裝米的塑膠袋經過。聖保祿大教堂是小孩的遊戲場所，同時也是方便的近路。

不久，太陽西沉，西邊天空染上橙紅色時，我也起身離開。

迷上賭「大小」

我信步而行，繞過幾個地圖上沒有注明、但滿喜歡的轉角後，再度來到海邊。幾艘船停靠碼頭，其中一艘像是香港仔水上餐廳的絢爛畫舫吸引我的眼光。

靠近一看，招牌上寫著「澳門皇宮」，也寫著「西式博彩場」。看樣子這裡也是賭場，但和葡京酒店比較，有著僻地賭場的粗野和凶險感覺，但也氤氳著東洋博弈場的氣氛。

我在入口附近觀望，看到客人一個個被吸進去，也好奇地晃進去。

來賭的客人實在不像是觀光客，多半是港邊工作下班回家前順路來玩兩把的面孔黝黑勞工，或是外出購物途中賭一下手氣的家庭主婦，還有老人握著一把零錢就進來。

賭場裡聲音繁雜喧鬧，但人不算多，煙霧繚繞的場內沉澱著獨特的熱氣。

賭戲有許多種類。有我知道的俄羅斯輪盤和二十一點，也有我既沒看過也沒聽過的新奇賭戲。例如賭桌上散落無數圍棋子似的白色小石頭。莊家用一根細長竹棒把它們聚集中央後，用碗蓋住向旁邊一拉，客人就開始下注。

起初我完全看不懂。反覆看了幾遍，才知道是猜數。賭客下好注，莊家掀開碗，用竹棒從堆成一座小山的白石每四個、四個地撥出。撥出的白石整齊地排成一列、兩列。就賭最後剩下幾個落單的白石。

每四個一起撥開後，最後剩下的不是一個、兩個，就是三個或四個。碗蓋住的小白石數目近百個，老到的賭客在莊家把小石堆弄平瞬間就知道剩下的個數而歡呼或是嘆氣了。

在我後面旁觀的人告訴我，這是澳門特有的賭戲「番攤」。

我看了一會兒，轉到別的賭桌。東繞西轉後，最後駐足在「大小」的賭檯前。

大小是骰子賭戲的一種，骰子有三個。賭戲的基本是猜骰子總點數的大小，最小是三，最大是十八。扣除兩端，從四到十七分為二，十以下是小，十一以上是大。除了猜大小外還有猜點數，賠率依難易度而異，從兩倍到一百五十倍不一。

賭桌上放著像是榨汁機的圓玻璃盅，裡面有三顆骰子。莊家先把黑罩子蓋在玻璃盅上。扣好栓扣，按三次鍵，玻璃盅裡載著骰子的檯子上上下下，發出骰子跳轉的啩啷啩啷的悅耳聲音。不久歸於平靜，「請客投注」的燈一亮，賭客即對自己看好的點數下注。桌面上有圖顯示多種組合的骰子點數。兩端大小的文字下方有四到十七的數字。

莊家等賭客都買定以後按鈴，表示「買定離手」，然後卸下栓扣，掀開蓋子。看到骰子數目，莊家迅速按亮押中的燈號。例如「一．四．六」、「十一」、「大」，亮燈的是大。燈沒亮的那邊通輸，莊家吃掉全部賭金，再按下注點數的賠率賠給贏家，然後在紀錄板加上大或小的記號，這局勝負就此結束。賭客看著板上排列的「小大小小大小大大大」記號，盤思下一局該買大還是買小？

從聚在桌邊的人群看來，大小可以說是澳門賭場最受歡迎的賭戲。

我也迷上了大小。

賭局是從莊家三次按鍵開始，那聲音比什麼都來得刺激。像大型照相機的快門聲，喀嚓、喀嚓、喀嚓，可以聽見骰子輕輕跳轉的聲音。此外，大小幾乎不用賭場的籌碼，桌上現金亂飛的感覺極好。提著菜籃的主婦連續「看」了好幾局後，終於下定決心把五元的硬幣放在桌上，輸了扭頭就走。大小就是那麼庶民的博弈遊戲。

我毫不厭煩地一直看著。突然，稍遠處一陣騷動。繞過去一看，也是張大小的賭桌。我從人牆後面探頭進去，一看到紀錄板就知道騷動的理由。上面記著「小大小大小小小小小小小小小小」，這一局還是小。小連續出現十局。人群發出喧聲不無道理。

莊家重新起局，亮起「請客投注」的燈，賭客一起買注，競相把小額鈔票排在大那邊，但小的這邊也不認輸，排了不少賭金。

我心想，小已經連出十次，不會再出了吧！就常識判斷應該出大。但冷靜再想，即使已連續出十次，僅就這一局來說，大小的機率仍是各占一半。

我對賭博向來沒有興趣。別說是賽馬、賽車、賽艇，就連花牌、撲克和麻將也不玩，只喜歡玩小鋼珠之類的遊戲。我雖然對賭博式生活一直抱有強烈的憧憬，但對賭博本身並不關心。

但當我看到紀錄板上連續十個小後，突然心動，從牛仔褲後袋摸出五元港幣，在「買定離手」鈴聲響前把硬幣放在小上。

莊家扳起栓扣，掀開蓋子。屏息靜觀的賭客看到亮燈的點數後再度驚呼。

一・一・四・小。

第十一次的小。我的五元變回十元。

莊家按鍵，開始新的賭局。賭客更加亢奮，從賭金遠超過前局即可看出。我贏來的五元再押小。

鈴響，掀蓋。

三・三・三・小。

我以為又贏了，可是小這邊的燈沒亮。我還覺得奇怪的時候，莊家的手把買大買小的錢全部收攏過去。原來三個骰子點數都一樣、也就是出現「豹子」時，莊家通吃。

豹子出現，瞬間冷卻了現場過熱的空氣。人牆潰散，輸了大錢的人和想轉到其他賭檯的人陸續離開。我覺得很有意思。

莊家按鍵，骰子跳轉的聲音一響，鬆緩的空氣再度緊繃。

是大？是小？連續出現十一次的小被豹子打斷，於是我爽快地賭大。

三・四・六・大。

我把贏回的十元再直接押大。在莊家掀蓋、亮燈的前一秒，我抱著這十元變成二十元、隨即變成一千元、兩千元的幻夢，可惜沒那麼幸運。

一．一．五．小。

這下，我的五元本金也輸了。這五元也讓我玩得十分盡興，該收手回去了。心裡雖然這麼想，可是身體卻不聽使喚。推理、下注、等待結果。沒想到這麼單純的遊戲竟然這麼有趣。亮燈瞬間的刺激快感壓過再玩下去恐怕被賭博魔力蝕毀的恐懼。

聽到骰子跳轉的啡啷啡啷聲。我掏出十元賭大。

三．三．四．小。

我已經沒有小額的硬幣和鈔票。我毫不猶豫地把百元港幣換成澳門元零鈔。以元為單位正式賭起來。買大、買小、贏錢、輸錢，不到一個小時，一百元輸個精光。

我到洗手間去拿放在護照裡的錢。

我拿出五十元美鈔，換成二百五十澳門幣。我想，就靠這些一決勝負。原本無意賭博的我此時會有決一輸贏的想法，固然是因為輸了一百港元有些焦慮，也因為下榻在海邊漂亮飯店而產生了今天特別、不妨奢侈一下的心情所致。更重要的是，我把賭博看得太天真，以為稍微動動腦筋，無論多少損失都能贏回來。

我每次押二十元，但沒多久就輸掉兩百元。剩下五十元時，我想暫時休息，光看就好。就在我持續的「看」後，對大小的結構也模糊抓到一點概念。

不論開大開小，莊家都能某種程度地開出他期望的點數。據我仔細觀察，帶著大錢的賭客總在不知不覺間輸光離開。即使有例外，也只有一百元變成兩百元後喜孜孜收手的賭客，沒有一萬元變成兩萬元而走的贏家。難道是莊家針對某些賭客、在「緊要關頭」殺他個措手不及？那麼，我如果察知莊家認為是「緊要關頭」的時候，和被莊家鎖定的賭客對做，應該會贏。

我又換了五十美元的澳門幣，找尋賭大錢的檯子。這時，看到一個人摟著濃妝豔抹的舞女，邊賭邊高聲叫嚣。他穿著舒適的麻紗料西裝，面前堆著疊好的大鈔。

他正走運。押把大注，加倍贏回。通常，賭客大贏時會把贏錢的一成當作小費賞給莊家，可是他完全無視這個規矩，把錢全部留在手邊。有點神經質的莊家發急，賠錢給他時想扣下小費的份，他大聲斥罵後把錢收回去，再輕蔑地丟張十元鈔票給莊家，莊家也氣得扔回來，那張檯子的氣氛愈發熱烈。

莊家的眼裡有著強烈的鄙夷和憤怒，但就是不敵那人的運道。我甚至以為那人是個職業賭徒，故意刺激莊家以鈍化他控制出點的直覺。他的賭法看似隨興、大把灑錢，其實有一貫的方法。他同時猜大小和猜總數，相當單純而堅實的賭法。

大小的賠率是兩倍，但猜總點數則因組合不同而賠率各異。例如，十和十一有六種組合模式，因此是七倍，但四和十七都只有「一．一．二」和「五．六．六」一種組成方式，因此是五十倍。

那人賭一千元大時，就在九和八各賭一百元，有保險的意思。當他很有自信時就會買大一千元，十五、十六、十七各買一百元。他的判斷往往很準。

途中莊家換人。新的莊家是個微胖憨厚的中年人。上場後只瞥了他一眼，拇指便扣著按鍵。

這是他運氣的告終。莊家按鍵，他買注，可惜猜錯。他大聲喧譁，莊家幾不理會，面無表情地繼續按鍵。他眼前堆如山高的大鈔眼看著漸漸減少。

他的話語變少，下注方式也有變化。重心移到猜總點數。猜中雖然贏得多，但不是每次都能猜中。猜錯一次後，莊家開出的點數就像嘲笑他一般連連讓他摃龜。這時，莊家那鈍鈍的表情反而讓人感到可怕。

我等待他焦慮至極做孤注一擲的大賭。

他旁邊的濃妝女人仍然氣定神閒、不當一回事地賭著。

莊家按鍵，女人從減少的鈔票堆中又抽出一張、想去別的地方賭時，他按住她的手。目送那局再度摃龜之後，抽回女人手中的鈔票，連同剩下的錢全部買下一局的小。

我判斷機會來了。他屏住呼吸。恐怕再怎麼掙扎也贏不了莊家。我把三百元全部買和他相反的大。這樣就能贏回我前面輸的。若果如此，我就收手。

莊家拆開栓扣。掀開黑蓋。亮燈。

一・一・二・小。

我懷疑自己的眼睛。小？怎麼會？沒錯，小的燈亮，莊家把我的錢收過去。我感覺血衝腦門。

倍增的鈔票在前，他又開始大聲嗟呼。

為什麼？我哪裡弄錯了？驚愕自己不知不覺輸掉一百美金。一百美金是我在香港半個月的開銷。可是我無意就此收手。

（無論如何都要贏回來……）

我茫然站在原處觀望，他的大贏也像是燭火熄滅前的爆焰，鈔票沒有再堆起小山，而是慢慢減少。但不管他怎麼樣，我輸錢的事實不變。我不知道要怎樣才能翻本。

3

我想冷靜一下，於是走出賭場。那時，我發現澳門的賭場不只是這裡。我想起葡京酒店後面的葡京娛樂場。我捨棄我不走運的澳門皇宮，到葡京娛樂場去試試手氣。

葡京娛樂場是現代化的西式裝潢。寬敞的圓形大廳裡多張賭檯，賭客成群。莊家都是女性，感覺尤其華麗。雖然不怎麼年輕美麗，但氣氛就是和男莊家有微妙差異。

我仔細巡繞大小的檯子，在其中一個不怎麼熱的桌前停步，觀察開出大小的紀錄。既沒有極端的出點，也沒有騷動的大贏。我決定在這裡一決勝負，換了一百美元的澳門幣。五百澳門元。我想用這五百澳門元贏回輸掉的五百澳門元，不算太如意的算盤。

我凝神專注，集中我的第六感，先用五十元買小，果然開出小。接著，我用一百元賭大。可是，小。這回，我買兩百元大，開出的是大。這下變成六百五十元了，我為自己的戰略無誤而高興。我打算一次翻本，拿四百元押小，結果是大。剩下二百五十元。按照戰略，我必須再換美金、用八百元下注不可，但是我有點心虛，又從五十賭起。但是心虛鈍化我的判斷，下的注通通摃龜，連剩下的二百五十元都輸了。

（兩百美金就這樣沒了嗎……）

如果只是一百美金，我還可以笑笑說是繳學費，但是兩百美金，我不能不慌。我從日本帶來的美金支票加上現金還不到兩千元。是其中的兩百元呀！這肯定會影響我後面的旅程。萬一淪落到倫敦就在眼前，卻因為沒錢去不了的地步豈不糟糕至極。就算要再費多大勁，我也必須挽回損失不可。

有打長期戰的心理準備瞬間，感到肚子很餓。說起來，我從早上起就沒吃東西。

葡京酒店裡雖有餐廳，但為了轉換心情，我到外面去吃。從新馬路轉進南灣街，立刻看到一家雅靜的葡萄牙餐廳。

我計畫在重新奮戰前填飽肚子，侍者領我走上二樓後，預先聲明已經過了用餐時間，只有「今日特湯」和「牛排」。我看看錶，早已超過九點。我原來只打算在賭場逗留一兩個小時，卻沉迷大小近四個小時。我要了當天的例湯蔬菜湯和牛排，簡單吃個晚餐。

沒有其他客人。寬敞的餐廳裡只聽見我自己喝湯的聲音，一個人吃飯何其寂寞。一心早歸的侍者一等我吃完就忙著收餐具，上另一道菜。

匆匆喝完咖啡，另一個侍者從裡面出來跟我搭訕。

「賭博，是嗎？」

不熟練但意思清楚的日本話。

「呃……」

我的答案曖昧，侍者以為是否定的意思，笑著說：「不賭最好。」

在這賭博之街，在這賭博興旺的城市裡說不賭最好，我覺得很有意思，於是問：「為什麼？」

「因為會輸。」

確實如此。我已輸掉兩百美元。和賭場對賭，長期下來必定輸，但也不是沒有贏的機會。

「你不賭嗎？」我問。

他含笑回答：「賭啊！」

「都輸嗎？」

「贏！」

「常常？」

「不是常常，只是需要小錢時小賭一下。」

「這時一定贏？」

「一定贏。」

「那不是變成大富翁了嗎？」

侍者又含笑搖頭。

「絕對贏的，一天只有幾次。」

「你是說一天只有幾次絕對會贏嗎？」

「是啊。」

「大小也一樣？」

「大小能贏的時候，我知道。」

「什麼時候？」

我有點不好意思自己厚臉皮地連珠砲追問。如果他的話當真，箇中玄機當然不會透露給素昧平生的陌生人。他想說，但欲語還休。

「這……很難的。」

我分不清他是說看出那個時機很難，還是用日語說明那個時機很難。

「不賭最好。」

他又繼續說。但說的不是賭博，而是他私人的事。

「Thank you.」

喝完咖啡，我感謝他的忠告而這麼說後，正想起身時，他按住我的肩膀，窺視我的表情。

「日本，東京嗎？」

我點頭。

「什麼時候回日本？」

「這……」

我也不知道什麼時候回去。但他為什麼想知道呢？

「為什麼問？」

他說著媽媽、群馬縣、想見面什麼的，但言語無法好好表現，便用原子筆寫在餐巾紙上。

我的母親
在我三歲時回日本
從那以後
我完全不懂日語

他接著又寫：

日本國群馬縣澀川金井

細問以後，原來他想和三歲時分開的日籍生母取得聯絡。

我雖然不知什麼時候才回日本，但被他的真誠打動，有意答應他。但我不是沒有顧慮，他母親為什麼拋下三歲的他回日本？如今還健在嗎？他父親如何呢？這些都不清楚，就算取得聯絡，是否會造成他母親困惱呢？此外，光有金井這個地名，沒有地址，要找人，範圍未免太大了。但即使有些麻煩，我在香港蒙受不少偶然的眷顧，似乎也有義務回應一下偶然的要求。

「你母親的名字？」

我隨口一問，他臉色一黯。

「你不知道母親的名字？」

他垂下視線。那就絕望了。要在一個村鎮找出一位不知姓名的女人，這根本不是個人能力所及的事。這下輪到我搖頭。

我起身告別。他爽快地說再見。

回葡京娛樂場途中，我尋思他為什麼要說那些話？

我不覺得他話中有假。但是他也該知道要找一個連名字都不知道的人有多困難。只有住在金井這個村或鎮的人才找得到。不，就算住在那裡，也無法只靠這一點點線索找到人。他是別有所求吧！或者他一開始就不寄望能和母親取得聯絡。難道母親在日本對必須活在如死一般城市的澳門的他來說，是一種心靈救濟嗎？一看到日本人就說起這事以確認希望還存在……。我忘了他母親的事。

奮戰不懈

十點過後，葡京的客人總不見少，我把一百美元分三次兌換後重返戰線。

我每十元小賭一局。錢沒減少也沒增加。我腦子某處總牽掛著餐廳侍者說的一天之中必定有贏幾把的時候。這是意味著只能看準某一次開出的點數嗎？如果真是這樣，是在什麼時候看出來呢……。

錢漸漸減少，我必須在這些錢輸光以前發現那個「時候」。但是，我仔細觀察了二十次、三十次也不知道。正當我認為才賭一天不可能明白而想放棄時，一道靈光閃現。

那一局我買小。燈亮時，出來的是三‧三‧三‧豹子。莊家大小通吃。就在這一瞬間我靈光乍現。就是這一局，好像「請客投注」燈亮到「買定離手」的鈴響之間，時間稍微長了一點點。我知道這不是我的心理作用。

在豹子出現以前，開出點數的推移是「大大大大大小小小小小小」。連續出大後大那邊的興頭十足，開始連續出小後，小這邊的賭金增加。這一局，大和小都押了重注。莊家像鼓動賭客情緒般延長一些時間，結果就開出豹子，莊家通吃。

大小勝負的關鍵就在這個豹子。沒錯，就是這樣！我差點喊出聲來。

大小的豹子相當於俄羅斯輪盤的0或00。當象牙球落到0或00的格子時，不管押紅押黑，莊家通吃。大小的豹子也一樣，不管總點數多少，下注的賭金通通歸莊家。

假使大小沒有出豹子時莊家通吃的規則，理論上賭場沒有贏的時候。例如，大和小的賭金一樣時，錢就只在賭客之間往來，賭場一毛錢也收不到。因為有了豹子通吃的規則，賭場才能賺錢。當然，豹子雖是莊家通吃，但那只是對押大還是押小的賭注，對猜中總點數和豹子的還是要照既定賠率賠錢。猜豹子點數，有單押一種如一・一・一的賠一百五十倍，任何一種的賠二十四倍。

如果賠率等於點數出來的概率，那麼一・一・一就是一百五十次會出現一次，一般豹子就是二十四、五次出現一次。但事實上，豹子出現的頻率比這個多，差不多十五到二十次就會出現一次。或許，出現次數比概率多正是賭場贏錢的最大關鍵。

我如果是賭場的人，應該會最有效地利用豹子。押大押小的賭金都多時，開出豹子對賭場最有利，賭場不費吹灰之力便能贏得大錢。如果真是這樣，賭場會對豹子出現的時機下一番功夫。莊家認定該出豹子時就會出豹子。在煽熱場子的氣氛、亢奮賭客、賭金全都集中在大或小時，開出個豹子。

我不認為這個推理有錯。站在賭客的立場，看到莊家有意圖搞熱場子、讓賭客盡情下注的動作時就該懷疑他打算開出豹子。不，不只是懷疑，要更進一步、看出那時機而押注豹子、一舉贏回二十倍的錢。

夜更深，賭客漸減。我這回刻意找尋賭客特別多的桌子。很快發現一張賭客圍了兩三重、氣氛爆熱的賭桌。那桌氣氛熱鬧全靠莊家控場技巧的高明。她並不年輕漂亮，但豔光照人、面帶嬌笑和賭客邊聊邊進行賭局。

坐在桌前的是賭金較大的客人。其中一個菸抽完了，莊家立刻要巡場的人拿菸過來，鮮豔的手指把一盒萬寶路丟給那人。知道那是免費的後，周圍小家子氣只押一元的賭客也嚷嚷說我也要。要是在別桌，莊家根本不會搭理，但是這位女莊家大方地一一分送。不過是一包菸嘛，卻能把一個個客人的心情牽離日常，下十元的改押二十元，押一百元的客人賭金增加成兩百元，對熱鬧賭桌的氣氛很有幫助。

大小的出法極其自然，看不出有特別作為的地方，紀錄表也是大小排列均衡。

這時，來了三個日本人。莊家旁邊算錢的助理很客氣地請黏在桌前賭小錢的客人離席，讓他們三人坐下。

沒多久，大小的節奏有微妙的變化。從大小小大大小大小變成大小規律地交替出現。大小大小大小大小大小大小。大小連續交替出現六次時，賭客嘴裡露出不成句的聲音。接著也是大，然後又是小。大小已經連續交替出現七次了。

莊家按鍵，請客投注的燈亮。認定會再出大或變小的賭客各自大把加注。是大是小，都有可能。這時，我猛然想到會是這一局嗎？莊家這一局會出豹子嗎？感覺她又像讓客人多說廢話、延長下注的時間。

我把手邊剩下的三百二十元拿出三十元押豹子。萬一中了，就會變成二十四倍的七百元。我下注後，莊家望著我微微一笑。我感覺那像是「看得準哦」的笑。

骰子落定、蓋掀燈亮。那一瞬間，賭客哄然。

五．五．六。

又是大。我的期待落空。莊家的笑並無意義。但是我不氣餒，我的想法沒錯，只是搞錯時機而已。如果不這麼想，我必須就此撤退不可。

下一局賭金更為增加。大和小兩邊排得幾無空隙。我還是用三十元押豹子。

一．三．四。

是小。但是我不死心。下一局，我看到大那邊排滿小額的賭金，大額賭金則集中在小，像是嗜賭的三個日本人把大部分賭本投入小時，我認為這次一定出豹子。

我剩下的錢只兩百六十元。該賭多少，我很迷惘。瞬間想把兩百六十元全都押下去，隨即打消念頭。萬一落空時可沒辦法東山再起。而且，豹子也可能在下一局出。徬徨結果，押了六十元。

我等著鈴響、掀蓋、亮燈。可是買定離手的鈴聲遲遲不響。這其間還有錢丟上桌，賭金繼續增加。是打算要出豹子了。我緊握口袋裡的兩百元。賭不賭？握錢的手心冒汗。如果真的出豹子，就是六千二百元的大錢。但萬一落空……。女莊家的手指摁鈴時，我差一點把兩百元丟出去，但是猶豫制止了我的動作。

燈亮，賭客間發出近似慘叫的聲音。

二・二・二。

豹子，終於出了豹子。莊家收走押大押小的大把全部賭金，照倍率賠給少數押豹子和總點數的人。我押豹子的六十元也變成一千四百四十元回來。我把四十元遞給莊家，離開賭桌。

雖然我的判斷準確，雖然我幾乎贏回輸掉的錢，但是我一點也不高興。如果當時加押兩百元的話，六千二百元不就到手了嗎？因為猶豫而錯失大錢，我真想痛罵自己的判斷之差。

但是，我發現在那個時候賭或不賭，關係著賭博天賦的有無。看來我是沒有賭博的本事。沒輸就好，或許該就此打住。看看錶，午夜一點。已經賭了七個多小時，應該夠了。

賭場大門外站著些人。外面下著大雨。我加入躲雨的人群中一會兒，心想既然這樣，乾脆再賭一下。但好不容易翻本了，再回去賭恐怕受傷更重。為了甩掉大小的誘惑，我在雨中朝旅館走去。

4

雖然八點就醒了，還在床上蘑菇半個鐘頭。這對習慣一睜開眼就下床的我來說是少有的事。

體內殘留著痲痺似的疲勞感。腦袋裡昨夜的興奮還未消褪，不斷散放熱能。這像剛染風寒時的倦怠感，蠻舒服的。

終於決心下床，打開百葉窗，外面還下著雨。昨晚淋濕歸來，洗過熱水澡，襯衫晾在浴室裡。澳門氣候高溫多濕氣，衣服乾得恰到好處。我穿上衣服，去吃早餐。

早餐在二樓的陽台吃。陽台面海，看得見連接澳門和氹仔島的澳氹大橋。海水混濁，和低垂的烏雲格外搭配，雨中冒煙的橋有水墨畫的味道。

是住宿的客人只有我一個，還是其他人都已吃完？陽台上沒有別人，侍者只服務我一人。

豪華的早餐從番茄汁開始。玉米片上來後，接著端來一盤純蛋捲，上面有培根、洋芋片。然後是乳酪，熱法國麵包、果醬和奶油。我要紅茶，侍者從白陶壺裡倒給我。這趟出門以來，頭一次吃到這樣豐富的早餐。我把桌上的東西慢慢地吃個精光。

我啜飲第二杯紅茶，望著海面。雨勢變大，橋的一半霧濛濛地隱匿雨中，橋在海水中間憑空消失。一幅夢幻美景。

我想，就此回香港好嗎？雖然還想再賭兩把，但很可能壞了此刻的滿足心情。昨天好不容易翻回本，今天不一定能這麼順利。也許，最後那把豹子只是單純的巧合。不可過度自信。我在澳門的賭場沒有輸。帶著這個勳章回去比較聰明吧！

（回去吧！）

我喝光紅茶，站起身來。

我到櫃檯問回港的飛翼船時間，他們立刻打電話到船公司。上午的船班都客滿，下午一點以後才有空位。因為不用預約，我打算搭一點鐘過後的船班。

回房後，看看錶，才十點鐘。

我躺在床上。腦中浮現的還是昨天的大小。依稀聽見莊家按鍵的喀嚓、喀嚓、喀嚓聲音、骰子在圓盅裡跳動的卦啷卦啷聲。閉上眼睛，三個骰子在罩著黑蓋的圓盅裡跳動的樣子清楚浮現眼前。

骰子之舞。Dance of dice、Dancing、dice、用英語怎麼表示呢？我想著想著，突然覺得骰子這個字的拼法很模糊。我想應該是DICE，但不確定，拿出放在背包裡的字典查看。這是日英字典，我從日文的發音「SAI」去找，立刻找到。果然是DICE，但意外的是，那是複數形，骰子的單數是DIE。DIE也就是死，我訝異骰子和死竟然拼法完全一樣。

字典裡有這樣的例句：

棄子投降（大局已定）。

這是朱利亞．凱撒在盧比孔河（Rubicon）前的著名台詞，英語是這樣寫的：

The die is cast.

可是，仔細看這句話，我認為被拋掉的不是骰子，而是死亡。但又覺得丟掉骰子就是投死的意思。DICE是DIE，骰子是死……。

那一瞬間，我感到一種莫名的洶湧感情衝擊。我趕忙從床上跳起，拿起背袋走出房間。

雨絲如霧，我漫無目標地走在潮濕如黑寶石般發亮的石板路上。望著鮮豔色彩花朵亂開的洋房庭園，看過上課中安靜無聲、狹窄的小學校園，不知不覺又來到新馬路上。稍往北走是聖保祿大教堂，我想再去看一次。

因為是上午又下雨的關係，樓梯旁邊杳無人影。我佇立如薄冰直立的壁前，俯瞰澳門街景。我的西班牙文老師說澳門是「歷史的博物館」，小雨中不聞半點聲響的這個城市像是化石。在和歷史遺物的共同生活中，一切都化入歲月的瘴氣而失去生氣……。

在旅館房間裡感受到的洶湧感情再度甦醒。

我心雖牽掛大小，但還是說服自己應該離去。冷靜地判斷，我不可能贏過賭場。一千兩千美元，只要一開始運背，瞬間就會輸光。不賭了、回去吧的判斷確實是聰明的。但是，這種聰明究竟有什麼意義呢？慘輸的話就沒錢了。沒錢的話就不能繼續旅行。若果如此，就停止旅行嘛！我期待的應該不是聰明的旅行，是擺脫自以為是的聰明、徹底委身於瘋狂的旅行。偶然沾惹上賭博這種瘋狂，卻自以為聰明地收手。雖說骰子是死，死亡是愚蠢，但還沒觸及失去金錢的危險，就自以為是地收手，這算什麼？為什麼不盡情地賭個痛快呢？有無賭博天賦無所謂，只要心有所動，就一直玩到它平靜下來為止。那份聰明拿去餵狗吧！賭、賭、賭，賭到一毛不剩時回日本就好。雖然連德里都沒到就打道回府是很丟臉，但這也是一種旅行啊……。

在激烈的情緒衝擊下，我反覆自問自答，問答指示的方向除卻賭場無他。我相當訝異自己如此念念不忘賭博。當然，這份依戀並非我感情衝擊的全部。或許，我是想藉著置身臨時的小小戰場，確認自己面對危險時到底有多少能耐吧！

（賭吧！直到徹底膩了、輸光為止……）

我的腳從聖保祿大教堂移向附近的水上賭場。

5

白天的澳門皇宮裡賭客稀疏。圍在大小桌前的賭客屈指可數，俄羅斯輪盤和番攤的桌邊一個賭客也沒有，莊家無聊地把玩賭具。

大小這邊畢竟還有些人氣，聚集了一定程度的賭客。但下注金額比晚上少了一位數，莊家的表情不見緊張感。場子熱度不足、只對少人數的輸贏當然沒有刻意做點的必要，大和小也以常數出現。豹子出現的情況也極自然，前後感受不到特別的作為。

假使昨天的豹子不是偶然，而是正確的推理結果，此時此刻也應用不上。必須等到場子白熱化的深夜，我的心躍躍欲試。

見識過葡京酒店的賭場後，這個水上賭場更顯簡陋。裝潢擺設都有問題，莊家的態度尤其卑微，和客人應對時吊兒郎當，要小費的樣子也諂媚得讓人討厭。

我四處繞尋，被一個莊家助手叫住，但知道我不是中國人後立刻作罷，轉頭招呼正好經過的香港歐巴桑。歐巴桑一停步，助手就用纏人的語調引誘她。好像是說你照我說的下注、我看得很準、你會贏錢的。

大小桌上有在中間控制骰子的莊家和左右兩邊處理賭金的助手，各有明確的工作。因此，助手挑戰去猜按鍵莊家開出的點數，並沒有不自然。身為助手，也只能那樣殺時間取樂。

但是這種勸誘方式實在可疑。再怎麼說，他們三個還是一夥兒的，即使沒有設下圈套，如不作假，也不可能看出盅子裡的骰子點數。在沒有線索下猜開大開小，任何人的成功機率都一樣。我想，即使不是君子，不近這樣危險的桌子還是較好。

但是，那歐巴桑正浮現不疑有他的貪婪笑容一步步走過去。她半信半疑地跟著說會讓她贏錢的助手，終於靠到桌前。我斜眼看她，口中嘟噥著貪慾太深也麻煩，正要走開時突然轉念一想，看看莊家如何席捲這冤大頭的錢，對我絕對有益。

年輕助手看見釣到了冤大頭，更加起勁吆喝。受那聲音吸引，經過的幾個人也靠到桌前。我和他們排在一起，盯著助手和歐巴桑如何攻防。

年紀較大的莊家完全不關心助手的動靜，淡然地開始按鍵。

年輕助手想了一下說：「大！」

歐巴桑露出「真的嗎？」的懷疑笑容。助手煽動她說不要怕，賭賭看。歐巴桑遲疑許久，終於押十元港幣在大。旁觀者也跟著押大。

只有一個人押小。我不明白那人的心理。似乎過分憨直地認為，「在能多榨賭客一分錢就多榨一分錢的賭場，不管莊家怎麼半開玩笑地告訴你將出的點數，都不該傻傻相信，懷疑是理所當然的，因此，他說大，我就押大的相反，小。」

下注結束、亮燈。

大。

歐巴桑歡聲嚷嚷：猜中了、猜中了。聽到那聲音，又有兩三個人圍過來。

莊家按鍵。骰子滾動的聲音一停止，年輕助手輕鬆地說：「這次也是大。」

歐巴桑在加倍贏回的二十元上又增加三十元，以五十元賭大後，相當多的賭客也跟著押大。上次押小的那個人還是押小，但不只他一個。他們都猜這回會出和助手說的不一樣的點數。

但是出來的還是大。

歐巴桑拍手叫好。賭客群也發出不可思議的騷動。這是怎麼回事？接下來又會如何？我也無法看出未來的發展。

莊家按鍵。年輕助手低頭澄耳傾聽，然後抬臉說：「小。」

歐巴桑從皮包裡抽出十幾張百元大鈔，連同贏的錢一起押小。其他賭客也跟著押小，金額都比剛才多出許多。掀蓋、亮燈。

小。

歐巴桑興奮地拍著手。這已是連續三次照助手所說的出點了。興奮的不只是歐巴桑，只想小玩一下的賭客臉上笑容都消失不見。這樣輕易贏錢的機會難得。莊家按鍵，賭客的視線一齊投向年輕助手的嘴邊。他充分意識到這些視線，故意讓他們焦慮似的停了一下，充滿自信地說：

「大。」

歐巴桑臉泛紅潮，把皮包裡的錢全部掏出押大。看到她那大膽押法的賭客也爭相把鈔票丟到大那邊。我這時猛然察覺這張桌子和其他閒散的桌子不同，人群擠得沒有一絲空隙。幾乎所有的賭客都押大，但也有不少人押大錢在小。押小的人根據的原則是「賭場不可能一直讓客人嚐到甜頭」。

燈亮後，「呀」聲四起。

出來的是大。

歐巴桑興奮過度地面無表情，只是雙臂攏著增加為數千元的鈔票坐在椅子上。

第五局的勝負開始。

「小。」

年輕助手像下達神諭般，歐巴桑痴迷地把手臂攏著的錢全都推到押小的檯面。錢都集中小那邊，一會兒後大那邊也陸續有人下注，他們認為，這次賭場總會放冷箭吧！一開始就唱反調的人仍然全都押大。我想，如果我要下注，也會押大。我的手伸進口袋，但立刻壓抑這浮躁的心，告訴自己不能賭，要一直看到結果才有意義。只是旁觀者的我透過皮膚也感受得到場子沸騰的熱氣。

所有人的眼睛都盯著莊家前面的黑筒。下注結束，蓋子掀開，莊家按燈。

小。

又出現年輕助手所說的小點。

這下，我不禁懷疑這個助手真的是毫不在意賭場的期待、當真是享受猜中點數的樂趣。

莊家與場中熱氣全然無關似的繼續按鍵。

「小！」

年輕助手專注地說。歐巴桑瞬間露出迷惘的神情，但年輕助手對她用力點頭後，她放心地再把全部的錢押小。賭金集中在小。也有盤算「這次一定、這次一定是大」的賭客大把押注在大。有些原本賭大的客人猶疑不定，改變主意押小。但是沒有人笑他。或許是大，或許是小。兩者都可能。賭客幾無廢話，血紅著眼盯著自己的押注。場子雖然安靜，但是氣氛沸騰。

突然，我感覺昨晚也看過類似的情景。押大押小的賭金氾濫，賭客愈發熱切……。

或許……或許，這是昨晚的應用題。年輕助手說出點數，目的是為盡量沸騰場子嗎？他不是用容易讓人看穿、故意說錯以席捲賭客賭金的方法，而是盡情煽動賭客，把所有的錢吐在場子裡……。

那時，請客投注的燈滅，栓扣卸下，揭開蓋子。

燈亮，賭客哄然。通常，哄聲中會雜著同等程度的興奮和失望，但是這一回完全沒有喜悅之聲。

出來的點數確實是小，但是一・一・一的豹子。

年輕助手露出開出豹子也無可奈何的表情搖搖頭，收攏桌面的全部賭金。失去一切的歐巴桑茫然望著他的手。

果然如我預料。讓客人興奮，在最有效果的時候開出豹子。和昨晚一樣。但根本上不同的是，葡京的女莊家是靠出點的節奏、技術帶起氣氛，澳門皇宮的莊家卻以告知點數的卑劣手段煽動場子。

（卑鄙的傢伙……）

我覺得憤怒。

原先熱到極點的場子氣氛倏地冷卻。莊家又重新按鍵，那聲音空虛地響著。輸了大錢的人無趣地離開桌邊，剩下的客人下注的賭金零零落落，而且金額都小。

一時贏得近萬、瞬間又全部輸光的歐巴桑還依依不捨地坐在椅子上，不久，悄悄離座而去。不見歐巴桑的身影後，剛才對一切都無動於衷的莊家和猜點數的年輕助手迅速交換一瞥，那樣子就像在戲耍賭客後，互相嘉許做得不錯哦！

我感覺憤怒。雖然不特別同情一文莫名的歐巴桑，但對身為賭場莊家卻採用最卑劣手段的他們感到厭惡。

當然，這是賭博，賭博不可能公正進行。作弊毋寧是當然的，如果沒有這層心理準備，最好不要賭博。但這裡是賭場。至少應該維持表面的公正。賭場可以用各種方法加入對自己有利的規則、在沒有明顯作弊的前提下進行賭博。葡京酒店的賭場就是這樣，即使機器動過手腳，能讓莊家隨心所欲地開出點數，但是賭客是在按鍵後下注，輸贏機會仍然各半，沒有人說那是莊家明目張膽在作弊。

但是，用好話吸引無知的中年婦女、蓄意告訴她可能開出的點數、最後以豹子通吃，贏走她所有的錢，這手法太卑鄙。這和廟會節慶時的老千無異。老千只在廟會節慶時耍，可以原諒，但在賭場裡耍，就讓人忍無可忍了。

桌子四周的人潮慢慢退去。

我望著年輕助手哼著歌曲的得意表情，想為歐巴桑報仇。

他們在賭客大量湧來的夜晚以前必定還會再耍同樣手段，那時就是機會。我就看準豹子出擊。他們不得不五、六次就出一次豹子。即使我從開始就一直押注豹子，五、六次中就會有一次贏回二十四倍。這樣雖然不能給予他們毀滅性的打擊，但可以給他們沉重的壓力，讓他們明白我很清楚這一切。

不論如何，這是我也沒有什麼損失的賭博。讓他們看看作弊要付出多大的代價。

聰明反被聰明誤

我轉到斜前方的俄羅斯輪盤檯邊。買了一百澳門元的籌碼，小裡小氣地賭著，同時注意對面的大小賭檯。

賭客討厭沒什麼刺激的檯子，但也沒有一張檯子空無一人，莊家們無聊地和幾個賭客玩著小小的輸贏。這也耗掉一個小時，賭客終於走光了，莊家悠閒地低聲交談。

俄羅斯輪盤以賭紅黑兩色為主，我沒輸也沒贏，隨手押下的五元意外地中了三十八倍，贏回一百九十元。接過這把錢時，對面的大小賭檯那邊傳來年輕小姐的笑聲。

一看，年輕助手正殷勤地招呼兩個穿著褲裝的年輕女孩。助手每講一句話，她們就發出笑聲。助手嘴角帶笑，聲音輕快地引誘她們說，會讓妳們贏錢的，來玩吧！

她們像是姊妹，長得很像。服裝有點土，但脂粉不施的五官相當端麗。如果畫上濃妝再穿上時髦漂亮的衣服，就是彌敦道舞廳裡艷冠群芳的美人。

她們慢慢靠近賭檯。站在年輕助手面前，兩人互相望望，點點頭像是說「賭吧！」我也若無其事地離開俄羅斯輪盤，靠近桌子。

莊家看準了時機按鍵。

「是小吧！」年輕助手說。

一聽他說，年紀較大像是姊姊的就單刀直入地問：「押小一定會中嗎？」我是聽不懂她說什麼，但從聲音和動作可以想像。她的直爽讓年輕助手有些慌亂，含糊其詞地說：「不，不一定。」但她妹妹附和說：「押小不會錯吧。」姊姊不得已點點頭。於是兩人各押港幣五百元賭小。五百港幣是相當大的數目，就這麼聽從助手吩咐下注，這兩人究竟是什麼來歷？是性格直爽得可怕，還是生活富裕得不把錢當錢用？

開出的是小。

兩人拉拉手，非常高興。受到年輕小姐的嬌聲吸引，其他賭客聚集過來看看發生什麼事情。

賭客知道助手會猜點數後，也留下來賭。有人照著助手猜的下注，也有人故意唱反調。不論如何，桌面的錢越來越多，場子漸漸熱起來……。

這一切都和剛才一樣。

助手說小時開小，說大時出大。姊妹老實地照他的話下注，賭金一倍、一倍的增加。她們每次遞出折好的鈔票時，賭客望著預測出點的年輕助手嘴角的視線也更認真。

小、大、小、大，照著年輕助手所說的一一開出，接著他又說出「大」時，我想可以出手了。

也許時機稍微早了些，但我想從這局開始賭。總之，這兩三局裡必定會出一次豹子。即使提早下賭，輸了一兩局，比起之後到手的二十四倍，不算什麼。相較之下，因為猶豫不決而錯失開出豹子的良機更糟糕。一旦錯過，下次就不知什麼時候才會再來。或許他們不會再使用同一手法，或許莊家換班的時間到了。

姊妹把各自的錢押大後，我把五百澳門元丟進豹子的框框裡。年輕助手整理溢出框框的賭金時銳利地看我一眼。的確，這錢押豹子是太多了。賭大小時，賠率高的地方賭金多半是十元二十元，最多不過五十元。敢一把就賭五百元的人不是非常有自信，就是太不了解大小。兩三個看似有自信的人跟著我押豹子，但也不過是十元、二十元的小錢。

莊家掀蓋。

一．五．六．大。

我不氣餒，心想總會出來的。

重新按鍵，年輕助手做作地仰望天花板，在客人的等待中，他的視線回到骰子盅，語氣強而有力地說。

「小！」

姊妹毫不猶疑地把一萬數千元押小。

我心想，她們若稍微小心一點、只下一半就好了。她們將面臨先前那位歐巴桑一樣的遭遇，挺可憐的。但是想想看，贏了一萬多元，難免沒有再贏兩萬、三萬的夢。

我又押五百在豹子。中的話就是一萬兩千澳門元，也就是兩千四百美元。靠這些錢，我往後的旅程相當寬裕。我帶的錢一舉增加一倍。我期待贏到那一半錢。

我繼續第二次押豹子後，先前分別賭大和小的賭客也集中心力到豹子上。對原先押大的客人尤其造成很可能是豹子的想像結果，不少賭金從大轉到豹子。

我心想這下有意思了。這樣讓場子沸騰、亢奮賭客、把所有賭本丟到檯面時開出豹子搜刮所有賭金的把戲不能施展了。即使開出豹子，賭場方面也賠不少。

但是，年輕助手對從押大改成押豹子的變更毫無不悅之色，也沒有不安。或許，還不會出豹子，打算繼續煽動場子熱氣……。

燈亮。

二・二・五・小。

又照年輕助手說的開出點數。我雖然意外，但不失望。樂趣只是延後而已，這回一定會出豹子。他不得不出。可惜的是恐怕押豹子的人比前一局少，不會對莊家造成損害。但這也沒辦法。重要的是我自己那一萬兩千元到手。

莊家賠錢給押小的賭客後，全桌賭客都擺好姿態，又是新的勝負一戰。我也伸手進口袋掏錢。

就在這時，發生意想不到的狀況：大贏的姊妹把所有鈔票收進皮包裡，露出滿足的笑容起身，像是說「就玩到這裡囉！」

年輕助手對這突然的結果慌了手腳。本來一直無聊得只管按鍵的莊家也變成一副「怎麼會？」的訝異表情。他們的劇本裡一定只準備了對付冤大頭賭金減少或只看不賭的方策，沒有想到賭客大贏後立刻走人的情況。

不玩了嗎？還會再贏喲！不是正興嗎？再玩一下嘛……。年輕助手拚命挽留她們，可是姊妹倆完全不理會他，像說「我們贏這些就夠了」，拍拍皮包，彼此互看一眼，留下響亮的笑聲走開。

傻眼的不只是莊家，我也茫然地目送她們的背影，直到那背影消失以後，才發現上當了！

是有這種手法。

裝出一副冤大頭的樣子在場內晃盪，被叫住時假裝上鉤，照他們吩咐地下注，但在豹子出現前一步收手。她們一定是這種老千搭檔。

她們本事真高。說她們假裝天真的演技很好，說她們有看準時機的精明，都無可厚非。她們不是普通的觀光客，或許正如同我的第一印象是歡場女人。可能是她們店裡的顧客或同事教她們這種老千伎倆和破解賭場陰謀的方法，來這裡試試身手。

大贏的她們一走，場子裡像開了個風孔。漲熱的腦袋一冷靜下來，幾個和她們一樣聽從年輕助手猜測而小贏的賭客也覺得夠了似的，一一離桌而去。剩下的不是沒輸沒贏、就是和她們對作而輸錢的客人。

莊家有點自暴自棄似的按鍵，年輕助手老半天都沒猜點數，一個賭客催促他，才無精打采地說「小」。

即使如此，還是有押小的客人，也有押相反的人。但是桌面的賭金劇減，清楚顯示上一局以前的賭金流量完全斷絕。

我不知該怎麼辦？走了那對姊妹和贏錢的賭客，場子已冷，就算開出豹子也沒什麼效果。莊家不會再開出豹子吧？但也可能有萬一。縱使錢不多，但為彌補前面的損失，或許想囊括桌面所有的錢。

我還存著依戀，第三次把五百元押豹子。

但開出的點數是三．五．六．大。

年輕助手苦笑，像說「猜錯了！」之後不再猜點數了。

我有點懊惱。再怎麼等，他們也不會出豹子了。這下，我那一千五百元完全浪費了。我為了讓自己平靜，離開那張桌子，在賭場中走動。

那對姊妹遠比耍老千的莊家高明。我簡直是天真得沒得比。一心只顧著那看不見的一萬兩千元，卻實實在在地輸掉一千五百元，甚至還為她們擔心。她們要是知道，大概會爆笑吧！

我在賭場內閒晃，但浮現腦中的是三賭五百澳門元的輸贏。

大。小。大。

第一次的大是照莊家預定的點數開出。為了讓賭客更熱絡，沒有開出豹子。第三次的大是莊家已無鬥志，想趕快終止這局賭戲，開出什麼點數都無所謂。問題是第二次的小。年輕助手說小，姊妹也照他說的押小，我押豹子，這裡是她們和我誰能贏得大錢的關鍵。

小、大、小、大、大之後而來的勝負。即使開出豹子也是個好時機。我想起當時的點數是二・二・五。這排數字在我腦中滾動時，突然想到這個點數會不會是二・二・二的失敗？就算器材再精巧、技術再卓越，莊家也不可能百發百中。偶爾也可能失手。這是否就是一次失手呢？莊家原來是想開出豹子，不知什麼原因失手了。

如果真是這樣，那對姊妹也真是千鈞一髮。或許，我是贏了賭博卻輸了勝負。她們和我之中誰能贏到大錢，幾乎只是紙一層的差別……。這麼一想，感覺被設計了的衝擊多少緩和一些。

我又換了三百美元，到別的賭檯。

我想翻回輸掉的一千五百元，老是受到一把定輸贏的誘惑，但我拚命地壓抑自己，一百一百地慎重下注。好不容易才變成兩千元，一轉眼又減回一千元。這樣反覆幾次，一千元終於回到一千五百元時，我再也按捺不住。連續三次猜中，我直覺認為下一次是小瞬間，不覺一把賭下。

但，結果是大。

這下，六百美金沒了。我心狂暴起來。

又換了三百美元。

握著一千五百澳門元，正在找尋下注的賭檯時，突然想到，就和昨晚一樣，我在這船上賭場不走運。

我直接走出澳門皇宮。

天色已經微暗。看看錶，已過下午六點。無法相信我已經賭了半天大小。感覺只是短短一瞬間。

6

葡京娛樂場裡賭客雲集，每張賭檯都擠滿人頭。我逛著圓形的大廳，尋找賭客最多的大小檯子。

找到後，我暫時旁觀一下勝負的推移，開出的點數並不突出，豹子的出法也不像細心安排過。

要想翻本，應該等到夜更深吧！等到像昨晚一樣，場子熱到最高、莊家要出豹子時出手……。

一對老夫婦和樂地賭著。太太把上局開出的點數寫在紙上，供先生參考後押注。他們著實贏了些錢。但是有一次，先生不知怎的，在賠一百五十倍的總點數地方押下一千澳門元。太太大驚，急著勸阻他。兩人開始低聲爭執，不久先生投降，收回賭注。偏巧，蓋子掀開後開出的就是那個點數。錯失十五萬元的先生痛罵太太。之後，急怒攻心的先生不聽太太勸阻，一把又一把地押同一處，結果輸個精光。我望著默默離開的兩人，心想，從今以後一直到死，這件事都會成為他們吵架的源頭吧！不禁為之黯然。

竭力翻本

等了半天都等不到可以出手狙擊的機會，我開始發急。

我厭煩了等待，開始下場去賭。心想一次下注十元總可以吧！但是一下場，不知不覺變成二十元、三十元、五十元起來。隨著輸錢，賭注變大，加快了沒錢的速度。

一千五百澳門元輸光、又換了三百美元時，感覺像是踩進無底的沼澤裡。但是，這種雙腳被溫水和腐土拖住的感覺挺愉快。

這樣下去，或許真要賭到不能賭為止。或許輸光了錢，不能再往前進。倫敦不用說，連德里都到不了，甚至連東京都回不去。在異國身無分文，進退失據。但是，朝著這種小小的毀滅直線前進，毋寧有種意外的快感。

我又為了找尋適當的賭檯而閒晃，停在漂亮莊家和賭客說笑的地方。我完全聽不懂他們說些什麼，但莊家是高明的服務員，能適度帶動場子的氣氛。

我以五十澳門元為單位加入賭局。認為機會來時就增加到兩百元或三百元，然後又退回五十元。但是不論怎麼掙扎，還是沒贏。也看不準出豹子的時機，一千五百元變成一千元，輸了五百元，

一股徒勞感襲上心頭。但我還是沒有收手。我把單位降到十元。

按鍵、押十元、燈亮、輸了。按鍵、輸、按鍵、輸、按鍵、輸……。

雖然身體因疲勞變得沉重，只有腦袋像變成真空般的輕。空蕩蕩的腦袋裡只聽見喀嚓、喀嚓、喀嚓的按鍵聲，啩啷、啩啷、啩啷的骰子聲。

桌上的賭客增加，我被擠到人牆後面。按鍵的聲音、骰子滾動的聲音一停，我從人牆後面伸直了背，押大或小。賭了再賭還是輸。

喀嚓、喀嚓、喀嚓。

耳朵深處總是聽到莊家按鍵聲的餘音。

喀嚓、喀嚓、喀嚓。喀嚓、喀嚓、喀嚓……。

啊呀！

按鍵時的聲音有微妙的不同。我中斷下注，仔細傾聽按鍵聲。

喀嚓、喀嚓、喀嚓。

燈亮，出的點數是小。

喀嚓、喀嚓、喀嚓。

還是出小。

喀嚓、喀嚓、喀嚓——嗯。

感覺第三次的按鍵聲微微被什麼勾住時，出來的是大。

這回，我閉上眼睛聽按鍵聲。

喀嚓、喀嚓、喀嚓。

三次都是同樣的節奏。或許開小。我張開眼睛，等待燈亮，真的是小。

喀嚓、喀嚓、喀嚓——嗯。

第三次也有勾住的聲音，是要出大嗎？我半信半疑，押十元在大。

三・四・六・大。

喀嚓、喀嚓、喀嚓——嗯。

這次的第三次也有被勾住的感覺。我押五十元賭大。

一・五・六・大。

我戰戰兢兢地根據按鍵聲下注。我澄耳傾聽，三次按鍵聲完全相同時就押小，最後一次聲音有微妙變化時押大。

喀嚓、喀嚓、喀嚓。

小。

喀嚓、喀嚓、喀嚓——嗯。

大。

次次猜中，真有意思。但其他人為什麼沒有發現這麼簡單的竅門呢？或許是精神放在和莊家說廢話上，沒注意按鍵的聲音。不懂中國話的我，那些對話只是一種聲音罷了，因此我可以聽出按鍵聲的不同。

但我突然發現，有一個女性和我的賭法完全一樣。她坐在老夫婦離開後的座位上，嬌小得看不出有多高。頭髮短短的，不顯年齡的容貌像男人般威嚴。她微蹙眉頭，專心所押的點數和我幾乎相同。

大、小、小、大、小、小、小、大、小、大、大、大、大、大、小……。

不是我先就是她先，經常押同一點數，也繼續經常押中。

短髮女性不是依靠直覺，而是猜出點數而下注。而且，她也是聽聲音猜出點數。我這麼想時，第一次猜錯。聽到第三次聲音被勾住，我毫不猶豫地押大，但出來的點數是小。大概是莊家失手，那時她也和我一樣押大，也猜錯了。

連續猜中十五局、二十局。三十局中只猜錯三次。一次是豹子，其他兩次是莊家失手。

我們這樣賭，即使是每次只押一百元的小兒科賭法，還是無法不引人注目。賭小錢的觀光客開始等著我和短髮女性下注，只要她和我押同樣的注，他們就安心地跟著下。

年輕漂亮的莊家仍舊和賭客說笑，但顯然意識到我們，按鍵的指尖加些力道。但那反而使勾住的情形更明顯。

在聽聲下注、聽聲下注中，好幾度有不僅是腦袋、連身體都變成真空狀態、浮游在無重力世界裡的瞬間恍惚感覺。

我不知道自己贏了多少，不管怎麼贏，我還是以一百元下注，很快地，塞進百元鈔票的口袋膨脹得礙眼。

正當我自己也開始覺得猜中太多而害怕時，莊家突然換人。不是定時交班。新莊家是我昨晚見過的那位大方的中年婦女。她笑吟吟地站到中間，慢慢按鍵。

喀嚓、喀嚓、喀嚓。

我押小，但出來的點數是大。

喀嚓、喀嚓、喀嚓。

聽起來三次的聲音都一樣。我還是押小，但亮燈的是大。

喀嚓、喀嚓、喀嚓。

這局只看不賭。結果是小。接著兩局，她按鍵的聲音都沒有變化。

那種鼓動雀躍心情的「喀嚓——嗯」的聲音聽不見了。不只是我聽不見，短髮女人也露出迷惘的表情。我想設法抓出新莊家按鍵聲音的特徵，但節奏單調的三個聲音裡找不出差異。

我想，是時候了！

錶的時針指著凌晨三點。事實上我已連續站立十五個小時。這其間不吃不喝。當我意識到後，疲勞感霎時從腳底往上蔓延，奇怪的是，我並不覺得餓。

我掏出口袋的錢算算，百元鈔票共五十二張。從近一千兩百美元的損失翻回只輸約兩百美元。

這就夠了，我想。不是為贏回輸掉的大半，而是一天之中就看到賭博的天堂與地獄，已讓我嚐到深深的滿足感。

我在賭場的咖啡廳喝了兩杯咖啡。那份溫熱提醒我有多麼疲勞。只想趕快回到香港，躺在黃金宮殿的床上。

我到櫃檯拿寄放的背袋時，順便問船班的時間。櫃檯女孩說飛翼船必須等到天亮，普通渡輪有一班凌晨四點開船。她還親切地幫我打電話到船公司，說了幾句話就掛掉電話，語帶歉意地說，船艙已客滿，只剩甲板票。

「就坐那個吧！」我說。

女孩擔心地說：「夜間風大，會感冒的。」

「不要緊。」

「輸錢了？」

她直截了當地問，我欲語還休，我確實沒贏，但也不覺得輸了。「沒有。」說著，遞給她十元澳門幣的小費，她好像覺得沒道理，說著：「不用啦！」沒有接下。

甲板票只要七元。船一啟航，我混在一堆乘客中躺在甲板上。雨已經停了，天空冒出星星，但是風很冷。閉著眼睛想睡，卻冷得睡不著。只好睜開眼望著星星。

看來不用回日本了。我沒有走投無路，但嘗到一種奔向盡頭的狂熱。從今以後，我隨時能夠自在地跨越這個狂熱的界線了。做與不做，不過是單純的選擇題罷了。

我彷彿又熟悉了一種自由。

在渡船的引擎聲和打在船頭的浪濤聲中，我依稀聽到「喀嚓、喀嚓、喀嚓——嗯」的響聲。

能夠聽辨那樣微妙的聲音差異，連我自己都覺得不可思議。或許，那不是那個漂亮莊家的特意作為，只單純是我聽成那樣而已。可能是我存心要聽出差異作為押大押小的根據，而偶然連續猜中，這情形就叫走運吧！我想，沒錯，一定是這樣，但這又無法說明那短髮女人的賭法。是莊家的技術拙劣嗎？如果是技術的問題，那就像棒球投手的投球姿勢透露出投出的球種般，是致命的缺陷。雖然可憐，但她留在賭場的時間恐怕不會太長了。

天色漸亮，寒氣更重。

海上的冷風讓我微微顫抖，在澳門這如高燒夢囈的兩天有如非現實般。感覺像浸在賭場一個月之久，又覺得趴在大小檯前只一個小時而已。形形色色的莊家和賭客面貌漸漸淡去，一切都像夢中事般遙遠、模糊⋯⋯。

7

清晨六點三十分抵達香港。

因為太疲勞困頓，連在途中小館吃點東西的氣力都無，直接搭乘天星渡輪過九龍，回到旅館。

像夜遊遲歸般，一下電梯便用力敲門，值夜的年輕人打開門鎖。一看是我，大吃一驚，說聲你等等，慌忙衝進我的房間。

他進去一會兒後，一個裸體的年輕人和只穿著拖鞋的女人衝出來，手上抱著衣服，奔進另一個房間，值夜的年輕人拿著他們的鞋子跟在後面。

這光景讓我啞然無聲，很快就搞清楚緣由。

旅館老闆在我去澳門期間，房間也不收錢，就這麼空著。值夜的年輕人以為我昨晚也不回來，就免費或廉價租給他的朋友。在他們好夢方酣時回來，真是罪過。不論哪個國家，年輕人總是缺少和心愛女人共度春宵的房間。方便的話，我的房間盡可使用……。

我制止值夜年輕人的頻頻道歉，以相當寬大的心情走進房間。但一看到床單，一陣愕然。剛才還睡過一對男女，縐巴巴是無可厚非。問題是，床單上還沾著像是精液的東西，而且還是濕的。

因為實在太累，已忍不到再花時間去換床單。只想早一刻躺在床上。我把毛巾墊在潮濕的地方，像崩落似的倒在床上。出來旅行不過短短的時間，神經便複雜起來。我自己非常清楚。不知道這是不是壞事……。想著想著、不知不覺睡著了。

醒來時已是晚上八點。腦袋茫茫然，不怎麼有食慾，出門去吃晚餐，但只買了三明治和可樂簡單吃吃。

坐在九龍天星碼頭的凳子上，茫然望著夜景。一個同樣觀看夜景的年輕人悄悄坐到身邊，向我搭訕。他像是某家飯店的小弟，正無聊地不知如何打發這不值班的一夜。

「You are night boy?」

他好像這樣問我。

「Yes.」

我回答，我以為他問我是不是夜貓子。但是他接著說：

「I like too.」

我覺得有點怪異。大概是他也喜歡夜晚吧！我一點頭，他又說：

「I like night boy, sometime girl.」

這真嚇壞我了。我不知道英語中有沒有night boy這種用法，但至少他可能是問我「你是不是同性戀」的。我覺得該不會吧，但他一點一點地靠過來。

我起身坐上渡輪。

（每個人都寂寞……）

凝視倒映對岸美麗霓虹燈影的搖晃水面，我想，是離開香港的時候了。

第四章 從湄南河出發

馬來半島（一）

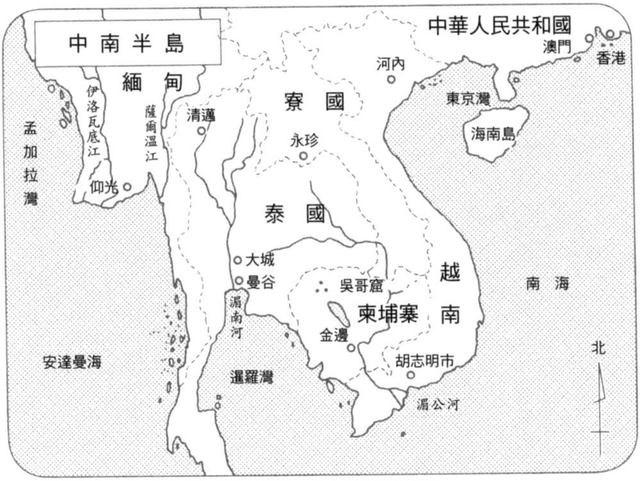

1

感覺有晶晶亮亮的東西飛入眼角，我從雜誌抬起臉，望向窗外。晶晶亮亮的是陽光。飛機已過南海，進入中南半島，眼下是遼闊的鄉村地帶。深綠色的地面有無數的水田和沼澤，平如銀鏡的水面反射著夕陽的鈍光，閃閃生輝。是湄南河吧！蜿蜒而流的巨大河流映著夕陽。農家冒出縷縷炊煙，像霧靄般籠罩著村落。綠色大地融化在乳白色煙霧裡，隨即模糊一片。

美得令人屏息。這是泰國嗎……。我對這個國家完全陌生的風景湧起一股奇異的懷念。

從澳門返港的那天晚上，我一坐上天星渡輪，就湧起該離開香港的想法。但到第二天早上，又覺得香港生活的樂趣是無法取代的，於是一個星期後又延遲一個星期，繼續住在黃金宮殿。

那天，我打算再逗留一個星期，去移民局辦加簽手續。但是窗口人多擁擠，一直輪不到我。兩個小時過後，我突然覺得一切太麻煩，興味索然地離開隊伍。就在那一瞬間，我決心去曼谷。

一下決心，便覺得二十五元港幣的簽證費太浪費，想當天就離境。我打電話到印度航空，說是傍晚有班飛機飛往曼谷。空位當然不用問也知道。

我預約機位後急忙趕回旅館，結算住宿費用後，打電話向在香港的朋友辭行，有的聯絡上了，有的沒聯絡上。麗儀不在旅館，我有點遺憾，向老闆夫婦道謝後，匆匆趕到機場。

飛機比預定時間晚許多，在下午四點四十五分起飛，六點二十分到達曼谷。本來需要兩個小時的航程，因為時差的關係，時間上只過了一小時三十分鐘。香港和泰國的時差是一個小時。我有像是賺到了，又像是損失了的奇妙感覺。

像「金宮」的旅館

空中小姐播報「曼谷天氣晴朗，溫度二十九度」，十五分鐘後，飛機降落曼谷廊曼（Don Muang）國際機場。

入境手續和海關檢查簡單得讓人覺得無趣。航站大廈冷冷清清，洋溢著慵懶的氣氛。計程車司機群集在出入口，積極地拉客。

我一被問「Taxi?」，就回說「No, thank you.」，他們看看我這牛仔褲加旅行背包的模樣，了解計程車對我來說是奢侈了些，也就不再糾纏。

我邊走邊向左右兩邊拉客的司機說「No, thank you」，不覺走到機場外車輛往來的熱鬧大街。

我停下腳步，心想，接下來怎麼辦？

我對曼谷一無所知，不知道去哪裡好，也不知道哪裡有什麼，獨自站在機場前的大街邊發愣。但我也不會束手無策，因為香港經驗讓我產生凡事總有辦法解決的膽量。我對曼谷唯一知道的，是和香港半島酒店一樣有名的豪華大飯店「文華飯店」（Oriental Hotel），心想必要時可以去那裡。當然不是要住在那裡，而是以那裡為據點，探索曼谷的繁華市區。

我茫然佇立半晌，看到對面車道有巴士通行，心想先上巴士再說吧！

巴士站就在前面不遠處。年輕工人、女學生、賣東西的歐巴桑和像是軍人的近十個乘客，姿態各異地等候巴士。泰國人除了膚色微黑、鼻梁稍低外，長相和日本人大致無差。服裝也沒有特別不同，只是上衣的下襬不塞進褲頭和裙頭裡，垂在外面，很有南國服飾的風味。

我抄起背包，正要走向巴士站時，發現身上沒有泰幣。我忙著擺脫計程車司機，竟忘了換錢。

坐巴士需要零錢，但想到要折回機場大廈，在銀行窗口換好錢再回來這裡就覺得不耐煩。南國沉悶潮濕的空氣黏身，揹著背包走到這裡已全身冒汗。既然要那樣折騰，乾脆坐計程車算了。

我在離巴士站不遠的地方放下背包，正盤算該怎麼辦時，腋下夾著書本的年輕人向我招手，像說「巴士站在這裡啦！」我像得救般走到他旁邊。

我問他說英語嗎？他不好意思地搖頭。但那是「知道」、「有學過英語」的意思。他像是學生，書帶綁著的書中雜著一本字典，我打手勢問字典可以借我看嗎，他很快拆開書帶拿給我。我看封面的文字，果然是英泰字典。

我查英語單字，讀出對照的泰語，開始問他。

「巴士，多少錢？」

他像是了解，親切地微笑說：「一銖。」

我一邊翻找字典一邊要求，「給我，一銖。」

「……？」

他歪著腦袋做出不解的表情。

「我、給、你、美金，或是日圓。」

「……？」

他好像不明白意思。我從背包底層取出只裝零錢的紙袋，以手勢表示其中的硬幣可以和你換泰銖嗎？他終於了解，從口袋掏出一銖硬幣給我。我不知道一銖價值多少，於是把一百日圓、一元港幣和兩角五分美金的硬幣放在手掌隨他挑。他好奇地比較後，高興地挑走百圓硬幣。

我後來才知道，一銖不過十五日圓，真是相當虧本的交換，他可能是想有賺頭而選擇百圓硬幣吧！

有了坐巴士的錢，接著擔心要去哪裡。

「這班巴士、去、曼谷的、市中心嗎？」

我問，但他不了解「市中心」的意思，靦腆地一逕搖頭。這時，我想，不去市中心也沒關係，只要坐上巴士，到了熱鬧的街區時下車就好。如果在終點站附近找不到滿意的地方，再坐原車返回機場，到詢問處打聽就好。這麼決定後，心情輕鬆起來。

不久，巴士來了。我跟在他後面上車，他極其自然地付了兩人份的車錢。他不知道我的錢是為巴士費而換。但是他的親切對初到陌地有些緊張的旅人來說，是能溫暖地消除不少精神緊張。

他果然是學生，姓康。但我問了幾遍，名字還是沒聽懂。

他看著我想說什麼，但是不知如何用英語表達而焦慮。不久，像是放棄去想英語單字，用手勢比劃出：肚子餓嗎？我在飛機上吃過點心，不過距離飽的狀態還很遙遠。我借過字典，查到「hungry」，他認同似的點頭。

窗外漸漸變暗。

車行三十分鐘左右，來到較為偏僻雜亂的下城區時，他突然說要下車。我還搞不清楚狀況，就乖乖地跟著他下車。

車站斜前方有個大市場。說是市場，其實只是在地上豎幾根柱子，鋪上鐵皮屋的簡陋建築。角落有家桌椅雜亂擺放的餐館。他走進去，以「這裡可以嗎」的表情看我。我當然沒有異議，但我身上沒有泰銖，他應該知道的。在我擔心中，他逕自點菜。我也只好定下心，反正總會有辦法的。

四周坐滿了帶著小孩的夫妻和聚餐的三五好友。但和香港的飲食攤比起來，給我頗為安靜、大家都很少說話而專心吃飯的印象。

不到五分鐘，米飯和湯就端上桌來。飯粒又乾又冷，但豬雜燉高麗菜湯的味道很好，隔一會兒端來的煎蛋捲更是上上佳味。

「Good!」我說。

他也嘴角帶笑地說：「Thank you.」

他這種回應別人誇讚自己建議的食物的感性很像日本人。

填飽肚子後，正想著接下來怎麼打算時，他主動問起我。我說想先去鬧區看看。其實就算去了鬧區，我還是要找便宜旅館。

「你、知道、便宜的、旅館？」

我慢慢問，他想了一下說「不知道」。他在口中嘀咕幾遍cheap hotel、cheap hotel，還是搖搖頭。我發現他誤解我是問旅館的名字，又翻開字典再問。他立刻明白我的意思，但還是不知道哪裡有便宜旅館。

他又很自然地付過兩人份的飯錢，走到前面的大街問我：「Taxi?」

他好像是說要問計程車司機。我點頭後，他攔下一輛計程車，頭伸進車窗和司機講話。好像獲得結論，便用力點頭，坐進車去。雖沒說明究竟要去什麼樣的旅館，但我有他不會帶我去可怕地方的安心感。我一上車，計程車猛然前衝。外面漆黑一片，完全不知車行何處。

走了十分鐘吧！計程車停在一棟汽車旅館造型的二樓建築前。我看到門上詭異的紅綠霓虹燈飾，差點叫出聲來。怎麼？這旅館的名字叫Golden Plaza。在香港是Golden Palace，在曼谷是Golden Plaza。照這情形看，我到印度後也可能住在Golden Temple，到伊朗就住Golden Harem了。

曼谷這家黃金旅館的詭異不輸香港的黃金宮殿。櫃檯雖然垂著吊燈，但光線調得很暗，一片靜寂。但是香港經驗告訴我，沒有必要因為可疑就逃避。

櫃檯內，鼻側有道小傷疤的男人態度討好而英語流利。康君想要說明狀況，但是他聽都不聽，直接問我。

「一個人？」

我點頭，他饒富意味地一笑。又來了。和香港黃金宮殿一樣的接客方式。

「一晚多少？」

「一百二十銖。」

好像不問就不說。

「美金呢？」

「六元五角。」

「太貴了。」

我沒深想，就習慣性地冒出這句話，他立刻乾脆地減價。

「五元？」

我說要看看房間。

拿了鑰匙走進二樓的一個房間，冷氣已開，房中央沉甸甸地放著雙人床。的確很像男女幽會的旅館，怪的是旁邊還有兩張單人床。是一度春風後各自分床睡個好覺呢？或者是我亂猜，這房間原是全家旅行時住的。不管哪一個，這房間很寬敞，冷氣也涼，我打算住住看。

回到櫃檯，我只換了十美元的泰銖，想把晚餐費和計程車費還給康君，他無論如何不肯接受。幾度推辭後我只好放棄。

在亮度僅如日本住家廁所照明的大廳裡，我們邊查字典邊談了一陣子，不久，他說天晚了，要回家去。分手時，他露出很高興幫我找到旅館的親切微笑，走進黑暗的夜路。

我走進房間、感到鬆一口氣時是九點左右。沖完熱水澡，感覺口渴，打電話到櫃檯問有沒有可樂？櫃檯說馬上叫小弟送來。價錢是三銖。

小弟很快就來，把可樂和杯子放在桌上。我給他五銖，等他找錢，他卻拿著銅板站在原地，笑嘻嘻地用英語問我。你是學生嗎？幾歲？住在哪裡？打算住幾天？接下來要去哪裡……。

他最後問：「要不要女人？」

他就是為了問這句話才不走是吧！我心想不回應他不好意思，但搖搖頭說沒有那種錢。

「有好女人哦！」

我不要。我像神學院優等生般斷然拒絕，但他還不想撤退。

「才五十美元呦！」

五十美元，那可是我十天的旅館錢哩！我開玩笑地揮揮手。他還是一副笑臉，語氣纏人地說：

「四十美元的也有。會說日本話。」

我來曼谷又不是為了聽日本話。

「三十元吧！會說英語。」

我沒答腔。

「二十元，只會泰國話。」

我還真不知道女人價錢因語言能力而有不同。我沉默著，他索性說：

「好吧！十元的如何？」

我真服了他的執著，接著生氣起來，最後覺得好委屈。

追根究柢，他的強迫推銷是出於我是日本人，日本人單獨來時會找女人，他理所當然負責安排的單純三段論法。我如果不是日本人，他不會這樣執拗不退的。

當然，我也知道他熱心安排女人的理由。大概是要靠佣金彌補微薄的薪水吧！但是，在街頭拉客的三七仔身上絕對感受不到的卑賤感，卻從這旅館裡意圖推銷女人的小弟身上滲出來。

小弟還黏著我不放。連問「為什麼?討厭女人嗎?」如果我真的隨便搪塞他「是的，我討厭女人」，搞不好他會更積極地幫我找男的來。我回說「喜歡，很喜歡」。

「那為什麼不要?」

「太貴了。」

我隨便扯個理由，他立刻反擊。

「東京不是要一百美元嗎？十元哪裡貴了？」

我差點想跟他道歉。他一定是聽其他的日本旅人說的，他們大概也是想稍微宣傳一下國情。我生氣，同時感到羞愧，回答說：「可是對我來說太貴，我沒錢。」這時，他表情憤懣而無奈，聲音也暴躁了。

「你從東京到這裡坐什麼來的？」

我低聲說飛機。

「坐飛機來，會沒錢嗎？」

他大概是想說，能坐飛機到別的國家玩卻說沒有錢，說得過去嗎？你別開玩笑了……。他的憤怒也是當然。我過去多次因為沒錢而受人親切招待。我雖然抱著深深的感謝之念，但同時也不無這是我很幸運的自滿心情，認為自己的旅行受到幸運之星的眷顧。但是，我這不為工作也不為求學、只為旅行而來到異國的年輕小伙子，冒出沒有錢這句話時，會讓別人覺得虛偽。我沒想過這看似簡單的事，對這國家拚命工作的同年齡年輕人來說，大概會認為我是在說笑。我覺得自己打著沒錢口號漫遊各地的動機很卑鄙。沒有資格恥笑這個想推銷女人牟利的小弟卑賤。

沒有錢怎能常住旅館？吃飯呢？明天以後呢……。

小弟還喋喋不休。但我不能因此就買十塊錢的女人。我正茫然時，他突然轉成笑臉，說聲謝謝就走出房間。

他為什麼說謝呢？我定下心一想，三銖的可樂錢我給他五銖的硬幣，他沒有找零就走了。

我坐在床上，喝著溫溫的可樂，慢慢反芻和小弟的對話。

我怎麼想，也不覺得認為他執著推銷女人是卑賤的想法有何不妥，但也無法不認同他對我的拒絕表示憤怒多少有點正當。

我出門旅行以來，一有事就想以「沒錢」為藉口。但我至少還有一千數百美元的現金。這對我往後的長旅來說雖然不是大錢，但對這個國家的一般人來說，或許是相當龐大的金額。我絕不是用「沒錢」當藉口的人。

當然，只說「沒錢」，我不覺得自己卑賤。當我使用這個台詞，確實有期待對方能親切以待；不論是否抱著沒錢旅人理所當然地接受當地人親切的想法，我都沒有斷然說出「不要」的意志。我是否在即使不說「沒錢」時，也表現出期待對方親切待我的心情？因此，康君默默幫我支付巴士錢和晚餐錢。如果是這樣，我豈非只是沒有伸手的乞丐……。

我決定，今後在成為一文莫名以前，不再用「沒錢」這個託辭。即使有幸得到別人的親切對待，也不能忘記，對他們來說，我始終都是行事奢侈的人。

——耳邊彷彿聽到一個聲音說，為什麼想得那麼嚴重，不過是和旅館小弟的隨意對話，無須那樣激動。

我躺在床上，茫然望著天花板垂下的電燈。

突然有敲門聲。或許是那小弟來還兩銖的零錢吧！如果是的話，就當作小費給他吧！打開門，另一個小弟笑嘻嘻地站在門口。態度親暱地走進房間，脫口就問：「不要女人嗎？」

我說不要，又重演剛才的對話。

這情況一直反覆到深夜，小弟輪班現身，推銷女人。當我對第四個小弟強硬地說不要時，他迸出日語單字。

「你真沒種。」

我感到深深的疲勞感襲來。

2

翌日一早，我就去找新的旅館。Golden Plaza的退房時間是十二點，我必須在這時間以前找到替代的旅館。

我問櫃檯怎麼到市中心，昨晚那個鼻側有傷疤的人換成面貌溫和的中年男人。他說曼谷的鬧區分為兩個。一個是以泰國大丸百貨為中心的拉哲普拉松地區，另一個是拉瑪四世路（Rama IV Rd.）和新路（New Rd.）之間的是隆路（Silom Rd.）和素里翁路（Surawong Rd.）周邊。拉哲普拉松是平民的鬧區，是隆路附近是外國人和中上階層的繁華市街。

我請他畫了一張簡圖，先去拉哲普拉松地區。距離旅館不遠，走路二十分鐘即到。因為是上午，沒有香港彌敦道那般熱鬧。而且，飯店看起來都是比Golden Plaza貴的中級飯店。我問了兩家，房價都近兩倍。

我放棄在這地區找旅館，搭公車去素里翁路。下車步行一段路，看到日本航空分公司。我進去問可否借看曼谷市地圖，那位男職員很客氣地說請便，給我一份摺疊式曼谷地圖。我強調自己不是日本航空的旅客，他笑著說，你一進來我們就知道了，並說希望以後你會搭乘我們的飛機。我心情變得很輕鬆，謝謝他便離開。

懷念的家鄉味

我拿著地圖，費時兩個鐘頭在附近打轉，還是沒找到負擔得起的旅館。今晚還得留在那Golden Plaza，無奈地忍受小弟們的攻擊嗎？我垂頭喪氣地走著，不知哪裡飄來一股香味。我循著香味轉進小巷，是家麵店。麵是在門前的攤子上煮，在店裡吃。我高興的是，麵的煮法和日本的立食麵店幾乎一樣，和香港街頭的麵店也無異。

麵上放著各種菜肉，澆上高湯，非常好吃的樣子。我想起早起至今還沒吃東西，於是走進像是姊妹的兩個女孩工作的店裡。姊姊看起來不到二十五歲，妹妹十七、八歲。

我坐在桌邊的圓板凳上，妹妹回過頭來問我吃什麼？我指指其他客人的碗說要吃一樣的，但發現每個人吃的都有一點不同。我站起來，到攤子上看姊姊煮的麵，指著最像日本寬麵的麵條，再作出在上面加叉燒、魚丸和澆湯的動作，她們笑著點頭。

端來的是我預期的湯麵。喝一口胡椒提味的鹹湯，好懷念的日本味道。每碗麵都有放豆芽，這是曼谷式鹹拉麵風味的食物。

一碗麵五銖，約七十五日圓。以這種消費水準，我在曼谷期間不會挨餓了。這種麵吃再多也不會膩，即使連吃三餐也只兩百日圓左右。

我把麵湯喝得一滴不剩，總算恢復正常心情，我再次環視店內，有屏風隔出一個空間，裡面像是辦公室。一個洋人和一個泰國女性對桌而坐，運筆飛快。他們不可能是在處理這家麵店的業務，不知是誰向誰租地方。不論如何，這種同一屋簷下的情況有著激起旁人好奇的不平衡感。

這時，一個四、五歲的小女孩走進店裡，抱住那年長女性的腰。仔細一看，小女孩有張混血的端麗五官。頭髮是茶褐色，瞳孔顏色也很淡。相貌和裡面的洋人有點像。看來，小女孩是他和這姊姊生的小孩。

不久，因母親不理會而感覺無聊的小女孩開始對我產生興趣。坐在我旁邊，盯著我的臉笑著。

「叫什麼名字？」

因為不懂泰語，我問她英語。在裡面辦公的洋人抬起頭對我說：「她叫凱西。」

這意外的回答讓我有些狼狽，我問了無聊的問題。

「你的小孩嗎？」

「嗯。」他露出陰鬱的微笑說。

小女孩好像知道自己成為話題，害羞地低著頭。

「她懂兩國話嗎？」

他聳聳肩：「英語只懂一點點。」

他看來像是美國人，年齡和我差不多，但眉間有很深的皺紋。我望著他那長期風吹日曬雨打的臉，貿然猜想他可能是越戰退役的美國軍人。我總覺得，他是在越南當兵休假時來到曼谷的女人身邊，不久生下孩子，退役後也長住泰國的遭遇，比他是偶然上陸不歸的船員或浪跡天涯的嬉皮，更符合他身上那股彷彿放棄人生的氣息。

「你和她用泰語說話嗎？」

我望著小女孩問，他略帶苦笑地回答說，自己在泰國住了五年，還是幾乎不懂泰語，因此也不知道孩子和母親說些什麼。

「那很不自由哩！」

「是啊……」他點點頭，緊接著說：「不過，不知為什麼，我了解這孩子跟我說的泰國話。」

在異國生活，而且是和異國女人一起生活，似乎不如想像中浪漫。

這時，我想到他或許知道附近有無便宜旅館。

「這附近有沒有旅館？」

「有好幾家……」

「便宜的旅館。」

「要多便宜？」

「越便宜越好。」

「我是知道泰國人住的，但不適合旅行者……」

我趕忙說，沒關係，那也可以。根據他的說明，是他對面那位女性的親戚開的旅館。

既然這樣，我就放心了。我說一定要介紹給我，請他在紙上畫出地圖。是間沒掛招牌、民宅建築的二樓旅館，地圖畫得很精確，很容易就找到。登上五金批發店旁邊的樓梯，一個老太婆坐在陰暗的樓梯轉角。沒有櫃檯或是帳房，只是一張小桌子放著電話和紙筆。我做手勢要看房間，可能是那人已先打電話來過，老太婆默默拿著鑰匙領路。

房間不到Golden Plaza的三分之一，小小的床和小小的窗。當然沒有冷氣，只有天花板垂下的一座扇葉大得和房間不協調的電扇。狹窄的廁所裡有蓮蓬頭，我打開水龍頭確認一下，只有冷水，在這悶熱的曼谷，熱水不是必需品。

我用英語問老太婆多少錢？我不認為她懂英語，但是她用泰語簡短說了幾個字。我再問一次，還是同樣的回答。好像是說數字，我從口袋掏出泰銖放在床上。老太婆像明白我的意思，從裡面拿了三張十泰銖的鈔票。

「三十銖？」

我驚訝地問，她點頭說是。只要Golden Plaza的四分之一，四百五十日圓而已。我決定住下來。

我要去取行李再回來，請她等到那時。我用日語加上手勢，她很快了解。同時，還把手上的三十銖放回床上。我本來以為她會當作保證金留著，這出乎我意料的大方，讓我對這旅館更滿意。至少，這裡不會一直要我買女人。

我急忙趕回Golden Plaza說要退房，雖然已過十二點，他們也沒有抱怨。或許，這裡也不是那麼差勁的旅館，這讓我不無些許內疚，但我終究回到四披耶路（Si Phaya Rd.）的無名旅館，並以這裡做為在曼谷的據點。一解開行李，感覺總算安定下來了。

3

那天下午，我開始閒逛曼谷街頭。

我隨興搭乘公車，在適當的地點下車，再走回旅館。這樣持續三、四天，我對曼谷的地理方位有了直覺。只看地圖就知道從這邊到那邊坐巴士要幾分鐘，走路要幾十分鐘。同時，也把重點風景刻入腦中。就算坐錯車，也可以在半路下車，轉到正確的方向。

我想像中的曼谷是這樣的城市：表情平和的人們悠哉來往於安靜的路上；陽光雖烈，樹蔭底下卻很陰涼，小販坐在行道樹下休息……。但是走到街上一看，才知道這真是天大的誤解。曼谷根本是座現代城市。尤其是它的噪音，比東京和香港還要喧囂。摩托車拔掉消音器到處亂竄，叫做「Samlor」的馬達三輪車甩下爆炸轟聲往前衝，巴士不停按喇叭。來到湄南河畔，仍有使用摩托車引擎的舢板發出惱人的噪音向前疾馳。

無法融入曼谷

因為想像與現實的落差太大，幾天下來，我還是無法完全掌握曼谷這個城市。我的土地直覺雖然敏銳，但心底還是無法理解這個城市。即使我做出了曼谷就是這種城市的結論，也不過是旅人的觀點，根本掌握不到我有這種誤解的契機。

我漫步、徘徊各地，我吃、我看；但就只是這樣，對彙整城市的印象毫無幫助。曼谷的城市印象總是模糊而無從掌握。

我常去中國城，不只是為了吃。但在來自香港那中國城大本營的我眼中，無論規模和熱情都有所不足。

我也參觀了幾間密集在湄南河兩岸的廟宇，因為太過金碧輝煌，感覺像看到一套廉價的複製品般乏味。

我也常去大學校園。朱拉隆功大學（Chulalongkorn University）距離旅館不遠，我常去他們的學生餐廳吃午餐。朱拉隆功大學是泰國著名的一流大學。男生穿深藍色長褲和白襯衫，女生穿深藍色裙子和白色罩衫。服裝樸實得我在街上初見時以為是高中生，但他們仍有身為一流大學學生的自覺意識。男生的深藍色領帶上有校徽，女生裙子的皮帶扣也有校徽。那是他們的身分象徵。

我讀過一位日本老作家的文章，他曾經訪問過朱拉隆功大學，對這個學校完全沒有礙眼的招牌和海報很感動，讚嘆它是非常整潔的大學，並說日本的大學也應該這麼乾淨。但我實際看了以後，覺得那只是膚淺的看法。

首先，這所大學沒有招牌海報，或許只單純是沒有張貼的自由，其次，就算有自由而不張貼，也不能就此論定這座大學非常整潔。我每次去朱拉隆功大學的學生餐廳時，總認為人潮擁擠的日本大學學生餐廳在本質上較為清潔。

朱拉隆功大學的學生餐廳設備完善，明亮、便宜，這都沒有話說，但是總讓我有不潔的感覺。大概是學生的剩飯剩菜多得驚人。而且，明明是自助餐，吃完了也不隨手收拾餐具。因此桌上很快就擺滿吃剩的餐具。雖有兩個女工不停收拾，但緩不濟急，桌上一直無法清理乾淨。因此端著餐盤新來的人只好把散亂的餐具推到兩邊，挪出小小的空間，在那裡進餐。

他們浪費食物，除了他們是富家子弟外，或許也因為飲食習慣。在我迷路闖進庫龍托伊濕地帶的貧民窟後，無法不對這種浪費感到氣憤。

我曾和坐在我旁邊的學生交談。他知道我是日本人後，便開始對日本及日本企業展開激烈的批判。他說的幾乎都對，只是我看到他浪費的食物量後，感覺他的義正嚴辭褪色不少。

我也去電影院，看街頭電視。即使我專程想看泰國電影，但觸目所見都是香港或台灣製的華語片看板，要不就是印度片。旅館裡沒有電視，夜晚漫步街頭，電器行都開著電視。二、三十個人坐在路上，專心看著櫥窗裡的電視。我雖然想從這裡獲得理解曼谷的線索，但他們熱中的電視節目多半來自美國或日本，讓我徒呼負負。

對我來說，最難了解的還是人。不是每個人都帶著平靜溫和的微笑，街上行人常有出乎我預料的尖銳、陰暗、疲勞的表情。偶爾有人笑臉相向，相談甚歡，但總無法深入了解。

初到那晚和投宿旅館小弟交涉的不愉快餘韻似乎還拖著尾巴。第一步走得彆扭後，一切都不自在起來。

例如，我在是隆路的銀行換好泰銖在街頭閒晃時，迎面而來的兩個人叫住我。他們面帶笑容，其中一個用流暢的英語緩緩說：

「你好，今天是花卉節，獻花給像你這樣的年輕人！」

我對他的態度感到不悅，想說我沒錢，想起我已決定不再說這話的，於是只說我不要，便想離開。

「不，這是送給您的。」他表情天真地要把人造康乃馨別在我的胸前。

「不付錢也行嗎？」

「當然。」

我為自己的疑念之深感到羞愧，人造花別在胸前後，說聲「謝謝」。

說完，正要走開時，另一個人說：「等等，能不能多少捐獻一點呢？」

我忍不住憤怒地大喊：「不是說不付錢也可以嗎？」對方口氣不悅地說：「所以才請您捐獻呀！」「既然如此，還給你。」我想拆下人造胸花，他用力按住我，「不要這樣嘛！多少捐一點就行了嘛！」

我困擾之下，禁句脫口而出。

「我沒錢。」

這時，他們的表情像是被耍了一般，把人造花留在我的胸前，快步走開。

不僅是擦身而過的陌生人無法相處融洽；旅館的老太婆只以手勢傳達必要的事項，麵店姊妹在我去吃麵時，最多也只和我交換個微笑。自從那次以後，麵店裡面辦公的洋人沒再和我交談。我請 Golden Plaza 的櫃檯轉告萬一來找我的康君說我換旅館了，但他一直沒有來。

4

有一天，我到泰國王室的守護廟臥佛寺（Wat Pho）。Wat 在泰語中是廟的意思，所有的廟名都冠上這個詞。

我悠哉悠哉，從新路穿過中國城，經過官廳街，來到寺廟林立的地方。酷暑季節雖過，在大太陽下走一個小時，中間若不補充一次水分，根本沒法支撐下去。我都在店裡買可樂或果汁喝，但每一家的價錢都不同。我即使想確認價錢，但語言不通，一開口就會引起騷動。

我出旅館時是上午，到達臥佛寺時已經黃昏。

這座廟除了是王室的守護廟外，也以廟中供奉的長四十六公尺、高十五公尺的巨大臥佛出名。我熱得無意參觀臥佛，只想找個涼快的地方休息。

當我來到大殿走廊時，看到三十個左右的男女老少與和尚一起喝茶談笑。我茫然望著那景象，一位中年婦女向我招手，我想語言不通、聽他們談經論義也是枉然，但還是被茶水吸引過去。

可是，那婦人不是請我喝茶。我一過去，眾人便起身排隊，手拿鮮花供品，慢慢迴繞大殿周圍的走廊。我呆呆地看著，她做出你也來參加的動作。好像是某個人的法會，聚集在這裡的男女老少是同一家族。

繞廊三遍後進入大殿，供品獻給本尊主佛。我覺得有趣，和他們坐在一起，佛像裝飾得過度金碧輝煌，在我這個日本人眼中，顯得少了點莊嚴之感。

法會在接下來的「灑金」儀式中到達高潮。和尚和那家族站在大殿前，向聚集廟內的附近小孩和路過的人灑硬幣。大人小孩都歡聲四溢地爭相撿拾。有趣的是，和尚向提供這些錢的那家人灑錢時，他們也歡歡喜喜地伸手接下。

最後，和尚把一枚硬幣含在口中，再丟出去，結束儀式。

撿錢的人笑逐顏開地散去，和尚領著那家人再度回到大殿，其中一名婦女又招手叫我過去。這次肯定是要請我喝茶了吧！我正要跟進去，感到不遠處有視線投在我臉上，一看，四個女學生面帶微笑看著我。我向她們回笑，其中一人拿出一枚硬幣給我。

她們剛才也高興地撿拾和尚灑的硬幣。我本來也想混在裡面撿錢，但猶豫是否妥當時慢了一步，一個也沒撿到。她們大概覺得我可憐，我感激地收下這像是吉祥物的硬幣。

她們似乎很關心我這個外國人。我把茶水和四個女學生放在心上一秤，當然選擇女學生而留在原地。

她們是商業學校的學生，分別叫絲夏拉、雅琪拉、尤蘋和雅萍妮亞。年齡十八、九歲，不折不扣的小姐，但是嬌小的身軀，不怯生中帶些靦腆，怎麼看都像少女。

她們只能用英語單字交談，但意思都能溝通。我請她們教我一些泰國單字，她們便即席充當泰語老師熱心教我。

謝謝——khop khun
你好——sawaddi
多少錢——thao rai
這是哪裡——nii tii nai
一・二・三・四・五・六・七・八・九・十
nung・sawn・sam・sii・ha・hok・jei・beht・kow・sip

我只能記住一點點，但仍是寶貴的知識。

「Thao Rai（多少錢）？」

「Sam Baht（三銖）。」

這樣買東西時已夠用了。

教泰語告一段落後，女學生說天晚了要回家，我們約好明天再到這裡教我泰語。我認識了四個可愛的少女，非常滿足地回旅館。

可疑的男人

翌日，我比約定的三點半提早許多抵達臥佛寺等候她們，可是三點四十五分了還不見她們蹤影。四點鐘時，我想，不會被放鴿子吧？就在那時，背後傳來「沒有來哦」的聲音。我回頭一看，站著一個戴著深色太陽眼鏡的高個子男人。

「遲到了！」

他又用英語說。他像在說那些女學生。他怎麼知道我在等人呢？我覺得有點詭異。他穿著平凡，長褲和短袖彩色襯衫，但戴著太陽眼鏡的臉實在可疑，會是公安方面的人嗎？但即使他是泰國中央情報局的人，應該沒那個閒功夫調查我這個普通的旅人。

「你是說女學生嗎？」我戰戰兢兢地問。

「欸。」

「你怎麼知道？」

「我昨天也在這裡。」

他說著，拿下太陽眼鏡。那張臉我確實有點記憶，我和女學生說話的時候他就在旁邊晃盪。那時我以為他是導遊，沒放在心上。但他為什麼今天也來呢？

「你也約了人嗎？」

他沒回答我的問題，自言自語地說：「遲到了……」

我越來越覺得不對勁。他是什麼人？我一陷入沉默，他也不管我的疑念，接二連三問我問題，最後又問：

「你在曼谷有朋友嗎？」

我想，如果說沒有，不知他會對我怎麼樣，於是說「有」。

「泰國人，還是日本人？」

「日本人。」

「什麼樣的人？」

我認識的只有給我地圖的日本航空公司職員，但我怕他糾纏不放，還是宣稱有熟人比較好。

「在日本航空公司上班。」

我說，他笑著點頭。怎麼回事？我越發不了解他，再次觀察他的模樣。額頭上方的髮根線已後退不少，大概三十多歲。眼睛並無陰險神色。

「她們不會來了。」

他肯定地說，我也有那種感覺。但為什麼？真的是對素昧平生的異鄉人有所警戒嗎？

我沒有任何反應，他又說：

「或許死了這條心較好。」

真是多管閒事。我有點生氣。

「你也找她們有事嗎？」

我語氣強硬地問，他沒有回答，反而若無其事地說：「欸，我們走吧！」

怎麼？他有什麼打算？究竟怎麼回事？我必須和這取代可愛女學生的來路不明的人共同行動不可嗎？他那口氣好像我們昨天就約好似的。我默不作聲。

「在這裡長待也不是辦法呀！」他又說。

「你請便，我在這裡繼續等，你喜歡去哪裡請便。」

我近乎露骨地表示請他走開，他卻連聲說 never mind，繼續待著不走。他有什麼目的？我毫無頭緒。

「你的職業是什麼？」

我想他不會老實回答。

「布店。」他右手捏著自己的襯衫說。

「你會日語？」我用英語問。

「一點點。」他用日語答。

「你會日語啊！」

我驚訝地用日語問，之前姿態有些高壓的他露出靦腆的笑容說：「一點點啦。」

「在哪裡學的？」

「學校。」

「學校？」

「我上日語學校。」

原來如此。他會關心，因為我是日本人。我的警戒心稍微放鬆，但還是有不解之處，閉嘴不語時，他突然說：

「請幫我介紹！」

「介紹？」

「日本人朋友。」

「……？」

「我學日語，教泰語。」

他是想找互教語言的對象。

「我想學好日語。」

他說只上補習班，日語還是無法朗朗上口。他的顧慮很對，但是我無人可介紹給他。我拒絕他而說「很遺憾」，他不知聽到了沒有，突然用英語換個話題。

「她們不會來了。」

看看錶，已經四點半了。大概真的如他所說。

「走了吧？」

去哪裡呢？我看著他。

「你想去哪裡我都帶你去。」

我不完全相信他的話，但一直留在這裡等也不是辦法。而且，包括那份懷疑，使我對他產生了興趣。他究竟為什麼想學好日語呢？

「對了，我想去看日語學校。」

我說完，他笑著說今晚剛好有課，因為七點開始，問我是否願意先到他家吃飯呢？我心中盤算，既然到了這個地步，去哪裡也都一樣。

到他家差不多走三十分鐘。我們邊走邊談，知道他還沒結婚，和弟弟夫妻及母親一同經營布店。

他家在中國城外。如他所說，小小的店面買賣布料。弟弟夫妻已經回去，只有一位老太太看店。他用華語說了幾句話，老太太請我進到店鋪後面。

後面有個小廚房和餐桌，還有一個榻榻米大的休息用台子。我一進去，就看到掛在牆上的祖父母大照片。我在香港的張君家裡也看過類似的東西。我看的時候，他低聲告訴我：「我是中國人。」

為什麼要壓低嗓子呢？我知道在泰國，泰國人和華僑之間關係緊張，但他現在是在自己家裡啊！

「我們一家八十年前來到這個國家。」

他又重複一次，我們是中國人。話語的底層有著「我們和泰國人不同」的強烈迴響。我無意中獲得窺視東南亞華僑生活的機會。我打定主意不管他的目的是什麼，我仔細地觀察就好。

我借用廁所，不是抽水馬桶，但是很好用。比日本的舊式廁所乾淨得多。水泥地上有蹲式馬桶和一個水桶。方便後用那水沖淨，那水也可以沖洗身體。

出來時，老太太正在剁雞。然後，就用一個炒菜鍋像變魔術般弄出一道道菜來。雞肉冬瓜湯、雞肉炒青菜、豬肉燴洋蔥，還有不知名的炸魚……。不是什麼大菜，但有自然的味道。桌子小挺麻煩。油水不足的我不太搭理他，專心地吃著。吃完後用日語說：「啊！真好吃！」老太太雖聽不懂，還是笑吟吟的。

我本來擔心他會帶我去什麼可怕的地方，如果是這裡，我非常樂意。雖然他不是可愛少女，但我開始盤算，我在曼谷期間和他互換語言教學也不錯。當然也有或許每晚可以吃到老太太中國菜的如意算盤。

吃飯時，我覺得曾懷疑他是泰國情報人員的自己像個傻瓜，懷疑他和黑道有關的疑慮也消失了。真是過度擔心。聽他和老太太的對話，可以感覺到他真像是連母親都放棄希望的沒出息長子，因此他有和日本人做生意發財、在母親和弟弟面前爭一口氣的想法。

飯後，他馬上說要去日語學校。我還想看看華僑商人的生活，但在他催促下，只好跟著出門。

日語學校在拉瑪四世路，有幾間不算狹窄的教室，擠滿了學生。我在教室外走動，觀摩上課風景。日本教師的能力差距太大，學生們真可憐。有人用泰語輔助，教得生動有趣；有人只是捧著課本照唸。尤其是他那班的教師，教法差勁得讓人好奇他究竟是何種來歷？他要找私人教師也不無道理。

他說要送我回旅館，我們並肩走著，我等他開口問什麼時候教他日語。當然，我打算接受，也打算故意開玩笑地說，用你母親的晚飯相抵。

但是他的話出乎我的意料。

「幫我介紹吧！」

「啊？」

「明天，幫我介紹。」

「誰啊？」我不覺反問。

「日本朋友。」

我在臥佛寺裡就說過不行的。

「要學日本話，我教也可以。」

他完全無視這個建議，重複說：「請幫我介紹日本朋友。」

我生氣了。

「沒有那個人。」

「你剛才不是說了？在日本航空公司有朋友嗎？」

他好像牢牢記住了。日本航空分公司裡給我地圖的職員是跟我說過，「改天經過時可以順路過來，我請你吃飯，如果有什麼問題也可以來商量。」可是，不能因為這樣就介紹給他啊！

「我和他不很熟，就算很熟，也不能把今天才認識的人隨隨便便就介紹給他啊！」

我說完，他有些焦躁地說：「你不信任我？」

我回答不是這樣。

「那為什麼不行？」

但為什麼我也不行呢？他真的只是想學日語嗎？

「我在曼谷期間。我教你也行啊！」

「日本航空的人好。」

「為什麼我不行？」

「……」

我感覺交換語言教學外，他還有別的目的，於是不能幫他介紹的想法更強。我不理他後，他嘴裡嘀嘀咕咕地抱怨：我以為你會幫我介紹才帶你回家，都是我在付出，你卻什麼都不作，你是旅行者，很快就會離開，因此，我想認識住在曼谷的人……。我也有點生氣，很想吼道，既然這樣，我就給你剛才的晚飯錢吧！但還是隱忍下來，再怎麼說，這樣做對老太太失禮了。

不久，走到我住的四披耶路旅館前。他驚訝地問：「你住這裡？」我點點頭，努力裝出開朗的聲音問要不要進來坐坐。他連回答都沒，轉身迅速離開。

第二天，我想他可能會來，但他就此杳無蹤影。

他究竟期望什麼？認識住在曼谷的日本人後想幹什麼？不論如何，一定會以這日本人為線索展開某種勾當。不為他介紹還是對的。雖然這麼想，但無法好好回應這塊土地居民的主動示好，讓我心中留下一個小小疙瘩。我在曼谷，總覺得事事不順，往往深入曼谷城市深層的線頭才剛剛拉起，又突然「啪！」地斷了。

5

怎麼也無法像在香港那樣順利。無論走到何處，遇到什麼人，都沒有感動。並不是沒有發現像香港廟街那樣令人亢奮的地方。說到大攤販街，曼谷也有規模不輸廟街的地方。我剛發現時，確實為之狂熱。

那是星期六的上午。星期六、日參觀王宮免費，我去時發現王宮前面的大廣場上排滿了難以置信的大量攤販，規模大到數千，甚至上萬。從數量來看，恐怕全世界再也找不到另一個攤販如此雲集的地方，實在壯觀。

有的攤子幾個人一起叫賣，也有脖子吊著一個籃子單獨兜售的小孩。有洋裝、食品、日用雜貨，也有派不上什麼用場的破爛，好像曼谷有的東西通通集中在這裡。這樣形容絕不過分。什麼東西都有得賣。我一進去就興奮起來。

攤位多得一整天也看不完。我仍然在每個攤位前駐足，大致明白了這個城市的物價。知道一本筆記、一條褲子、一公斤橘子和一雙鞋的價錢。

不，我了解的不只是價錢。這裡也和香港一樣，大人小孩一起工作，他們最常賣的是裝在塑膠袋裡的白色粉末。我看到印在塑膠袋上的商標是「AJINOMOTO」（味之素），這麼說來，我到曼谷翌日第一次吃麵時那微妙的懷念感，就是「AJINOMOTO」的味道囉。我平常覺得味素讓我心情不好，飲食中絕不添加，沒想到一離開日本，它卻變成了懷念的味道。我這才知道舌頭真是很好敷衍的東西。

這裡不只攤販林立。還有相當多的乞丐。都是令人不忍卒睹的淒慘模樣。

和孩子合奏笛子的無手無腳男人；膝上抱著巨頭症弟弟的少女；讓瞎眼幼兒敲鐘的母親；在別的地方，老頭子和老太婆背貼著背跪地前行地伸出手，母親帶著膝蓋以下截掉的幼兒坐在空罐子前垂著頭。我曾經看到一篇文章說，泰國人為增加行乞效果而故意砍斷自己子女的手腳，這孩子也是不幸遭到這般絕望待遇的其中一個嗎？女人抱著赤裸嬰兒站在休息的人前，但絕不糾纏，看到對方輕輕搖頭便安靜走開。

空地上也有跑江湖賣藥的。招來人群後開始做生意。他們在任何國家都是同樣的聲音，同樣的節奏說上一段開場白。即使聽不懂，還是能完整地了解他們說的，這點很有意思。

有個男的招來經過的小孩，叫他張開嘴巴。啊！好多蛀牙！噯！這個孩子也有蛀牙！說完這些後，開始他的廣告。

——各位，從這裡拿出來的透明藥水，和鄉下人那種藥水不同。沾一滴在脫脂棉上，就能治好這小鬼的蛀牙⋯⋯。看，看，各位，出來囉！出來囉！蛀壞牙齒的牙蟲。看，正痛苦地掙扎哩！這個白白長長的蟲子就是蛀牙的罪魁禍首。只要塗上這藥水，牠在蛀牙裡待不住，就會跑出來⋯⋯。

我探頭窺看，他的食指腹真的有隻白蟲痛苦地扭曲。相當新鮮的手法。於是大人安心地買下他高高舉起的瓶裝藥水。

他旁邊是耍眼鏡蛇和狐猴的賣藥人。

——那個小孩，過來一下！對，就是你，好嗎？你知道籠子裡面的是什麼嗎？蛇？沒錯，但不是普通的蛇呦，是有毒的眼鏡蛇。你知道被那很毒的眼鏡蛇咬到會怎麼樣？一下子就死翹翹啦！你遇到毒蛇時怎麼辦？跑？眼鏡蛇的速度比你跑的速度還快。這時，你怎麼辦？

吶，就看這個，我這裡有顆神秘石頭。你要以為這是普通的石頭就大錯特錯啦！看！大叔把手放在眼鏡蛇附近。啊呀！被咬到了！喂，助手，快拿解毒藥來！可是啊，只要手上拿著這顆石頭，好奇怪，好奇怪，看，眼鏡蛇不但不咬，還會逃開。怎麼樣，很厲害吧！這位小弟，你拿這石頭靠近眼鏡蛇看看！絕對沒問題。看，這樣拿著，伸出去……，怎麼樣，眼鏡蛇不是逃了嗎？只要有這石頭，連這麼小的孩子都沒問題。

今天，這顆魔法石特別減價賣給各位，五銖就好……。

可是，一個也賣不掉。於是他降到三銖，還是沒人買。他大概覺得無奈，一口氣降到半銖，總算零零星星地賣出去了。

賣了一輪石頭，他終於開始客人等著看的眼鏡蛇對戰狐猴。

他把眼鏡蛇放出籠子，打開狐猴的檻門。可是彼此毫無戰意，只是懶懶地對看。他扯緊拴狐猴的繩子，逼牠出戰，但是狐猴一副厭倦的表情不理會他。眼鏡蛇昂首吐信環視周圍。他好不容易把狐猴弄到眼鏡蛇旁邊，狐猴像盡義務似的想往前撲，但那一瞬間，他用力一扯狐猴脖子上的繩子。狐猴一個踉蹌，被拖離眼鏡蛇旁邊。大家還在想，這決鬥怎麼了？他就迅速把狐猴關進欄中，眼鏡蛇也塞進籠子裡。看來，決鬥只是那狐猴向前恫嚇一下便告結束。

我愣在那裡，但四下散去的觀眾不管大人小孩都一副滿足的表情。

我望著他們，忍不住要想：起先看到他拿假貨騙人時，頗為焦急；但很快就發現沒有必要窮擔那份心。因為，沒錢的小孩坐在地上，賣東西的小孩停下工作的手，呵呵地笑著聽他說話。大人以被騙代替這些小孩支付觀賞費。事實上，那些圍觀的小孩都不會老成地說破這是騙人把戲，反而好奇地、害怕地、高興地盯著看。為了這些小孩，大人歡喜上當……。

這裡比曼谷其他地方都有魅力。第二天我又來閒逛，買了內衣，喝了果汁，欣賞街頭賣藥。回家時買了一隻烤雞，在旅館裡吃遲來的晚餐。甜點是鳳梨，全部才二十銖，三百日圓而已，卻相當豐實。

我嚼著雞肉，心想那市場確實頗具魅力，但不能因此就繼續留在曼谷，我總感覺少了什麼。同樣是攤販雲集，但和香港的廟街相比，就是缺少某種東西。大概是因為這裡不是街道，也不是晚上吧！我不知道決定性的因素是什麼，但在這個露天市場裡，我感覺不到我在廟街那裡的亢奮恍惚。

觀看泰國拳比賽

不論走到哪裡，都找不到「啊！我要找的就是這裡！」的地方。我每天只是慣性地逛著曼谷街道，漸漸感覺無聊起來。

有一天，當我思索曼谷市裡最像泰國的地方是哪裡時，否定東又否定西的，最後得到的結論是魯比尼拳擊場（Lumphini Stadium）。那裡每個星期舉行四天堪稱泰國國技的泰國拳比賽。

那天正好有比賽。傍晚時，我漫步到拳擊場。

入口附近群集等待開場的觀眾，但今天好像不是主賽，還有票。我在價格分成三等的票中買了最便宜的票入場。我天真的以為，即使位子很差，只要進到裡面或可鑽到視野最好的地方，沒想到觀眾席用鐵絲網區隔，根本不可能換到好位子區。

觀眾人數還過得去，大半是男性，比賽開始前就已經相當興奮。空位稀疏的場內，有幾個地方異常擁擠。

我很快就知道原因。

比賽一開始，打鬥並不那麼精采，可是那幾堆人卻瘋狂嘶喊。有些人站起來，像股市交易員一樣揮手，伸出一根指頭、兩根指頭。這時，觀眾也向那些人大聲吼叫，或是揮手，或是刺出拳頭。第一回合一結束，場面更加騷動。原來，他們在對賭。

賭的結構很難懂，大概是組頭在別處決定賠率，手下散在觀眾席各處，只要揮手就知道。賠率沒有一定，在比賽最高潮時還會有變化。因此，在一方快被擊倒時，比賽的亢奮和賭博的爭執使場內騷動得難以置信。如果不滿意組頭的賠率，觀眾可以自己對賭。談妥後一握手就成交。比賽一結束，到處都在現金交易。

泰國人狂熱地支持泰國拳，或許因為它是合法的賭博。

比賽是連續踢擊。常常一記銳利的旋腿踢就讓對手噴血倒地，一記重重的膝蓋頂就讓對手胸口重創而趴下。每一場比賽都在兩三回合中就解決一切。

每次有拳擊手倒下，觀眾就發出猛烈的歡呼，但我不覺得精采。我覺得泰國拳中偶然擊倒對手的機率太大。它和我們慣見的國際拳賽不同，它那決定性的一記攻擊並不是靠技術累積磨練而來，只是胡亂旋轉亂踢，某一擊恰巧打中的機率太頻繁。國際拳賽中也有恰巧擊中的情況，但那恰巧出現的機率微乎其微，也是讓觀眾興奮感動的最大原因。但泰國拳中的恰巧擊中頻繁出現，幾乎可以說是預定的恰巧了。因此興奮是一時性的，不會身心震撼、久久不已。

即使這樣，我還是繼續觀看，期待主賽會有些不同。但是，準決賽的中量級比賽結束後，觀眾紛紛站起來湧向出口。

照節目表來看，應該還有一場比賽。為什麼不看主賽就走了呢？我覺得奇怪，這時，最後的對戰者踏上擂台。看了他們倆的戰鬥姿勢，瞬間明白原因。他們不是打泰國拳，而是正統的國際拳擊。這根本不是主賽，只是生魚片旁的配菜、觀眾賭博對象的附帶賽而已。

空蕩蕩的拳擊場中兩個年輕拳擊手拚命搏鬥，你來我往、迅捷出擊的動作比先前只用手肘和腳的泰國拳刺激多了。

這場拳擊讓我有點感傷，更加強我來曼谷是來錯地方的想法。即使進入不需要語言的拳擊世界，也無法讓我接近曼谷人的心情，我好沮喪。

再待下去已然無味，不論經過多久，我都不可能有像在香港和澳門時天天都嘗到的激情亢奮……。

最後一場比賽結束後，我從拳擊場走到拉瑪四世路，這種想法越來越強。但是，離開曼谷去哪裡呢？機票的下一站是德里，但是我想在前往德里之前，再過一次香港那種被人們熱氣包圍而興奮恍惚的生活。不過我又不能因此回香港。

那時，我突然想到新加坡。或許，新加坡是重現香港熱鬧生活的最適當地點。是華人多得泰國沒得比的都市國家。在此意義上，新加坡和香港有相似之處。何況，新加坡這地名的聲響總莫名地鼓動著旅人的心。

對，去新加坡吧！沿馬來半島一路南下，總有一天會到達新加坡。

第五章 妓女和小白臉

馬來半島（二）

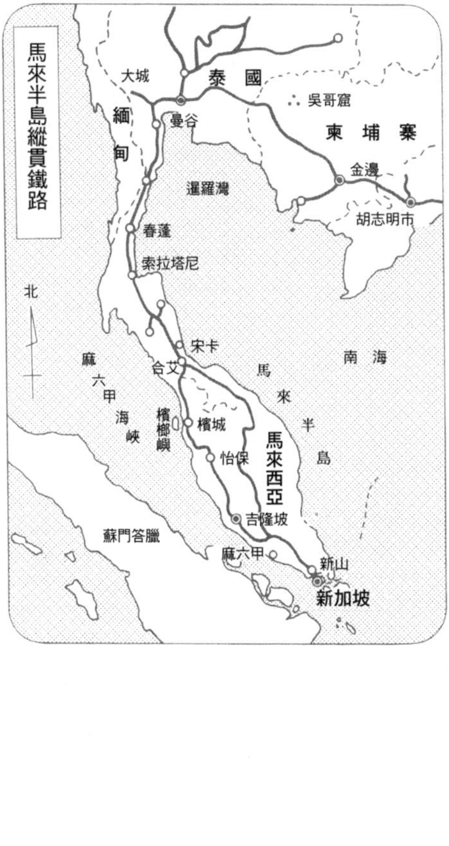

1

兩天後，我離開旅館，走向曼谷的中央火車站。我打算搭火車去新加坡。

我知道從曼谷到新加坡有一班縱貫泰國、馬來西亞和新加坡三國的國際列車，為了保險起見，我到火車站的觀光諮詢處打聽。

櫃檯職員看看我的樣子，勸我別搭國際列車。的確，那班車很快，但是也貴，在某種意義上對我來說是不太方便。而且，中途只能在泰國和其他國家的兩個站各停留兩天下車逛逛。萬一途中遇到我喜歡的村鎮也不能稍作停留，未免無趣。

「坐普通車去吧！便宜些。」

可是，要坐普通車去，也不知道票要買到哪裡？我問有沒有可到國境、中途若有喜歡的地方也可以下車的票？他說沒有。

「你想去什麼地方？」

「這……和曼谷不一樣的普通鄉鎮就行。」

他指著地圖上的兩個鎮問：「就買到這邊吧！」

「是好地方嗎？」

「什麼也沒有。」

「那好。」

什麼也沒有的鄉下小鎮，那毋寧是我期望的地方。我在兩個鎮中選擇了春蓬（Chumphon）。

我把他寫著站名的紙遞進窗口買票，四十六銖。

五點鐘開車。

距離開車還有三個小時。我到車站前的市場去買些食物以備車上所需。順便吃午餐，我在市場周圍打轉，像火災燒剩的木板屋前，一個六、七歲的小孩招呼我「請進」。

這裡只是在焦黑柱子上鋪層鐵皮的建築，幾家館子擠在一起。男孩是角落那家只有三張桌子的麵店幫手。和香港一樣，曼谷的小孩也都幫著做事。十歲以上可以獨立做事，小一點的也可以當跑腿，但是像這個男孩這樣小就擔當一個店員的工作，還是少見。

我覺得這男孩的態度有些世故，但被他的勇敢打動，聽任他領我坐到桌邊。我點的是常吃的寬麵。

麵和湯看起來都很可口，但嚐了一口，完全沒味道。湯裡忘記加鹽。桌子上放著泰國獨特的調味料和醬油，沒有鹽巴。

我想要鹽巴。和老闆怎麼也無法溝通。他看起來像是華僑，我試著用筆談。在紙上寫了「塩」，他只是歪著腦袋。大概不懂吧！我想了一下，發現我寫的是簡體字。但是繁體字太難，我不會寫。於是我先寫個「白」字，再寫個「辛」字。

他好像懂了，點點頭，用小碟子裝了白色粉粒過來，我用指頭沾著舔了一下，沒錯，是鹽。

加了鹽後，湯變得津津有味。我喝得一滴不剩，覺得口渴。想喝冰可樂，但店裡沒有，男孩跑出去買回來。

「多少錢？」

「六銖。」

一般行情是四銖，相當貴。心想被坑了。

在這競爭非常激烈的站前餐館幫忙，這小孩似乎也學得了奇妙的智慧。我苦笑著給他六銖，又問麵錢多少？老闆表情訝異。原來是麵錢連可樂總共六銖，那太便宜了。我有意為剛才對這男孩的失禮看法賠罪，掏出半銖當作小費給他。但是他搖頭不要，是嫌少嗎？我拿出一銖，他聲音清楚地說「No」。

那不似幼小孩童的毅然拒絕。我有著可以說是抵達曼谷以來的第一次感動。那個男孩以整個身體的語言表現他不要小費，或是沒有拿的理由。我不知道如何表現我的感動，只能凝視他伶俐的小臉。

我忽然想起背包的書裡面夾著和紙做的人偶，我掏出來遞給他，他好奇地看看表面和背面，我做出送他的手勢，他露出歡喜靦腆的笑容接受。

我在曼谷的最後一天，因為遇到這個年紀雖小卻乖巧的好孩子而非常高興，心想，往後縱斷馬來半島的旅行中，或許也會遇到意想不到的好事。當然，我這麼想，也是為了鼓勵即將縱斷馬來半島這全然陌生土地的自己。

善意遭誤解

在站前閒逛一陣子後，我提早走進月台，坐上已經停靠月台的火車。

車廂很舊，光線微暗。座椅是硬木板，走道一邊是雙人座相對的四人座，另一邊是三人座相對的六人座。雖是普通班車，仍要對號入座，我的位子在三人座的中間。

開車前一小時就已客滿，但還是有乘客陸續上車。走道很窄，站著的人也很難受。怎麼會這麼擠呢？我用泰語單字加手勢問旁邊的乘客，才知道今天是連續假期的前一天。或許，我是挑錯了時間離開曼谷。

火車一駛出曼谷，立刻奔馳在農村地帶。經過的車站多半只是農地和產業道路相連的月台，平常幾乎都是兒童的遊戲場。

火車一進站，大人小孩都靠過來。有的來接人，有的只是混時間，多半是賣東西的小販。有兜售滿籃水果的女人，也有一手拎著一串芭蕉叫賣的男孩。賣的東西形形色色，不只有芒果、香蕉、荔枝等水果，也有麥芽糖、餅乾、烤魷魚、烤雞以及綠色大葉子包著米飯的鐵路便當。

離開車還有一點時間，客滿的車廂裡呈現某種安定的狀態。但是那份安定被從隔壁車廂拖著兩個小孩的歐巴桑輕易打破了。

歐巴桑像要找座位，猛往前衝。突然停在我的座位旁。我有股不祥的預感，盯著看她怎麼打算，她果然向旁邊四人座上的少年說些什麼。四人像是同伴，表情困擾地互相望望。不久，一個像放棄掙扎似的擠到對面座位，歐巴桑讓兩個孩子坐在他空出來的位子上，四人座的位子瞬間變成六人座。這些少年一定是放假前就買好票，準備一起快樂出遊，歐巴桑的厚顏無恥卻破壞了他們的興致。我同情那四個少年。那兩個小孩也不是幼兒，大概是中學生的體格，站著也應該無所謂。在這連續假期前的擁擠火車裡，明知沒有座位還硬要帶小孩搭車，實在有點勉強。

但是，歐巴桑的厚臉皮還不僅此。不用擔心孩子以後，接下來像要為自己打算般，開始窺伺周圍的座位。當然沒有空位。

我有點不懷好意地看著，心想妳別指望了！可是我對面三人座上靠近走道的年輕小姐不正拜託旁邊的乘客稍微擠一下、努力挪出一個小小位子嗎？好不容易擠出了一個只容幼兒坐的空隙時，她對歐巴桑說請坐。歐巴桑簡短說謝，理所當然地重重坐下。

那年輕小姐身材嬌小，個性卻慷慨大方，做事乾脆俐落。在歐巴桑之前，她也幫找不到座位而徬徨的人找到位子，幫提著大件行李的人弄出一個安置處，對任何人都很親切。她雖是女人，頗有俠義之風。

但是三人座位擠進四個大人，畢竟是擁擠了點，總有一個人必須浮著腰坐，而承受這個結果的人不是歐巴桑，而是為她設座的年輕小姐。她那侷促的樣子瞧著可憐。

再加上火車遲遲不開。因為是單軌，每當對向列車來時就需停下來等待，切離後面加掛的貨車也耗費時間。這輛普通列車不只是客車，也連結著好幾節貨車。停的時間遠比奔馳的時間長。簡直是慢車。

在觀光諮詢處查看時刻表時，看到列車的種類在「特快車（express）」之下是「快車（rapid）」。我問快車比普通車快多少時，櫃檯職員非常簡潔的回答說「總之會跑就是」。我把這句話當成「以相當速度疾馳」的意思，反正旅行又不是急於一時，於是決定坐普通車。但是果然如他所說，快車和慢車比起來，是跑的時間比停的時間長，總之就是會跑的列車。

我觀察了一陣子，不能假裝沒有看到年輕小姐因為主動親切而受罪的模樣。我的俠義心也不容許我視若無睹。

我知道這輛列車附帶餐車。午餐吃得很晚，雖然肚子不餓，但有感於她的義氣，決定暫時去餐車晃晃。光是這段時間讓她坐到我的位子，多少能舒服些。要不要坐？夾雜著手勢這麼說後，不只是她，座上所有人都一副鬆口氣的表情。只有那個歐巴桑像跟她無關似的轉開臉。

餐車非常擁擠，每張桌子都有人。我又不能因為沒地方坐就立刻回自己的車廂，站在那裡發呆時，背後有人用英語叫我。

「過來吧！這裡空著。」

回頭一看，兩個男人指著他們桌上的空位子。四、五十歲左右，感覺相當樸實的泰國人。我道謝後坐下來。

我不知道怎麼點餐而四下張望，其中一個看透我的心思，問我：

「想吃什麼？」

我不清楚泰國的餐車有什麼菜單。但他們面前的泰式炒飯看起來很可口。還配著煎蛋和小黃瓜。

「我想吃一樣的。」

我一說完，他們有點驚訝，隨即高興地說很好，叫服務生過來點菜。我要付錢時他們異口同聲說「No」，逕自幫我付了。我老實地感謝，讓他們破費了。

我一邊吃飯，他們一邊問我。幾歲了？從哪裡來？喜歡泰國嗎？曼谷怎麼樣……。

「曼谷是很嘈雜的城市。」

我回答後，他們笑著用力點頭。他們是南部農村出身，目前住在曼谷，也無法習慣那些噪音。

「要去哪裡？」其中一個問。

「春蓬。」

「幹嘛去那種地方？」

「也沒什麼特別目的……」

要正確傳達我的感受好像很難，於是我反問他們的目的地。說是合艾（Hat Yai）。合艾是靠近馬來西亞國境的南泰中心地，據說是和曼谷、清邁並稱的大城。

「工作嗎？」

「是啊！」

「什麼樣的？」

「要到合艾再裡面一點的地方，採購同時推銷。」

「什麼東西？」

他們含糊其詞不告訴我是什麼東西。我一看，抽菸的那人手背刻著泰文刺青。或許是不能大肆宣揚的生意。我無意深究，知道他們是請我吃飯的推銷員兼買家，已經夠了。

「春蓬之後還要去哪裡？」手背有刺青的問。

「還沒有決定……」

「既然這樣，去宋卡（Songkhla）不錯。」

「宋卡？」

我反問時，另外那人搶著回答：「是合艾附近的港都。」

我一知半解地點點頭，刺青那人補充說：「有美麗的海岸，比芭達雅好多囉！」

出來旅行後我還沒游過泳，心想海邊也不錯。

「宋卡很好的……」

刺青男人像夢囈似的呢喃。聽到瞬間，我真想去宋卡看看。春蓬的下一站就是宋卡，我很高興又有了一個目的地。

吃完飯繼續閒聊時，有其他客人站在桌邊等著。無法再長坐下去，只好和他們道別，回自己的車廂。

再度變成先前四個人擠三人座的情況，年輕小姐比先前更侷促地縮著身體，我看不過去，跟她搭訕。

我指著手錶，說我先站三十分鐘，讓她坐過來，三十分鐘過後再換我坐。我的原意是妳乾脆就放棄那個位子，跟我輪流坐這個位子吧！

她無限感激地凝視我，說了好幾次謝，同時坐到我的位子來。我相當寬大地認為，那歐巴桑著實可惡，但看在年輕小姐的感激眼神上原諒她。

站著的三十分鐘有夠長，好不容易熬過了，可是，我等了半天，她都沒說「換你坐吧」！她既然沒發覺，其他人提醒一下也好，可是好像沒有一個人注意到。我雖然認為這樣做不太體面，假裝不經意卻又顯眼地不時看錶。可是沒人反應。又過了十分鐘、二十分鐘、三十分鐘，還是毫無換我坐的跡象，這是怎麼回事？

我開始有不祥的預感。會不會是她誤解了，以為我要讓座給她？因此才那樣深深感激和道謝。大概沒錯，一定是這樣。三十分鐘後換人坐的意思沒有順利傳達給她。

這輛火車到達春蓬應該是午夜兩點以後。這麼說，我必須在這客滿的車廂中站六個小時不可。我有點絕望，可是又難以開口說妳剛才誤解了，換我坐了吧！我已經收受了那份感激和謝語。

我不知所措，茫然地站著。突然，感覺有人看我。迎向視線，坐在斜前方的年輕女孩正關心地凝視著我。他們一行五個人，擠在四人座上，她是其中唯一的女孩。視線相遇、我不經意地笑笑，她就用生澀的英語跟我說：

「我、說嗎、對她？」

他們好像知道我為難的理由。可是女孩這樣說後，我突然覺得坐不坐無所謂了。他們的關心已讓我得到充分的滿足。

「謝謝，不要緊，那個位子已經讓出去了。」

我說完後，覺得有點過於瀟灑，但不後悔。

「哪裡、你、去？」

「春蓬。」

我一回答，他們「哇！」地歡呼，眾口同聲說，我們也去春蓬。

她是想問你去幹什麼吧！要對她說明比對在餐車的那兩個人還難。

「什麼、你、去？」少女說。

「觀光。」

我簡單地說，全都浮現訝異的表情。我又補充說是曼谷的觀光諮詢處建議的，他們更是一副匪夷所思的表情。

「你們呢？」

「回家。」少女高興地說。

「在曼谷工作？」

少女代表回答我的問題，她在衣料工廠上班，同行的哥哥和他的朋友都在曼谷讀書，趁著連續假期一起返鄉。談話繼續，一個年輕人坐到地板上，用手示意我坐那空位。我推辭後，他們熱心地勸我，只好暫時坐下。

我坐在春蓬年輕人座席上的幾個小時，簡直像「日泰親善之夜」。

他們請我吃白柚、請我吃曼秀雷敦（Mentholatum）味道的糖果、還有花林糖，吃得好撐。他們不只請我吃隨身帶的東西，還向已經午夜仍成群湧來的車站小販買果汁和烤魷魚請我，我也把原先準備車上吃的巧克力和酥脆餅乾和他們分享。他們唱了幾首泰國流行歌曲，我也不甘示弱地唱日本演歌。唱完時周圍的人鼓掌叫好，這種情況在日本難得遇到，於是乘興唱了三首。

吃喝說唱間，時間眨眼即過。

2

火車晚了一個小時，在午夜三點抵達春蓬。

走到黑暗的月台，幾張長凳都被露天而睡的人占據了。曼谷的觀光諮詢處告訴我火車在半夜兩點抵達，我問住宿怎麼辦時，他們答說你很快就會發現睡覺的地方。原來，他們不是說火車站前有好幾家廉價旅館，而是指有長凳或空地之類的睡覺地方。的確，從曼谷坐十個小時的火車南下，雖是晚上，氣溫仍暖和得露天野宿也不覺困擾。快車的說明也好，睡覺地方的說明也好，在泰國不要深入解釋他們說的話，只有直接接受字面意義才不會搞錯。

我站在月台上打量四周，月光下盡是高高的椰子樹，沒有像是商店街的地方，甚至不知道有沒有旅館。

「哪裡、睡？」少女像是了解我的困擾，擔心地問。

「還沒決定。」

我說完後，他們五個人開始商量。好像得到結論了，少女的哥哥說：「睡、我家。」

他問我是否願去他家睡？雖然露天野宿也可以，但睡在陌地的火車站裡不能說沒有一些些不安。他的建議正合我意。

月光下步行約五分鐘，度過窄窄的水溝，到達那兄妹的家。在不知是路還是院子的小小空地對面有棟木造的粗糙房屋。哥哥敲門，裡面像是母親的女性一副睡臉開門出來。

哥哥小聲跟她說話，母親看了我一眼。因為很暗看不清楚，表情不像是高興。之後聽到低而尖銳的斥責聲。哥哥漸漸垂著頭，不久一臉歉意走過來。

這也不無道理。孩子半夜三更突然帶初識的外國人回家住，任何作父母的都會臭罵一頓吧！而我，明知有點不合常理，仍期待這南國之地或許允許這樣的事情，更是不該。

年輕人又額頭湊在一起商量，但好像沒有地方可以取代這兄妹的家，掃興地搖著頭。

「哪裡有……便宜的旅館呢？」

我低聲問，他們鬆一口氣說，既然這樣、跟我來，又精神抖擻地折返剛才走來的路。回到火車站，他們逕自經過，又向前走約兩百公尺，停在一棟微髒的建築物前。看來這是他們幫我選擇的廉價旅館。敲了幾次門，出來一個睡夢中被吵起而不高興的男人。一看到我，像趕狗似地揮著手，在年輕人還沒說話前便快速地吼了幾句，重重地把門關上。

「Room、No。」一個年輕人安慰我說。

但實際上是真的沒有房間？還是嫌外國人住麻煩？或是我的樣子可疑？並不清楚。

年輕人有點不知所措。已經凌晨四點了。他們一定也很睏。我說謝謝，我就在車站等到天亮，就此告別吧！他們又開始商量。因為說的是泰語，內容我不清楚，但看得出他們難得地意見相左，少女尤其反對，但好像被眾人說服，很無奈地點頭。

他們接著帶我去的地方比剛才那間靠近車站，但是建築物更加老舊。敲敲門，小窺窗露出一個眼神不太對勁的男人。年輕人七嘴八舌地說明原因，男人的警戒神色稍微減褪。打開門，做出「進來吧」的動作。

「Room、OK。」一個年輕人高興地說。他們幫我交涉房錢，減到三十銖，四百五十日圓。

這期間，我看著黑暗的建築內部，實在很可疑，我彷彿明白少女反對的理由了。

雖然不是正經的旅館，但不會比在車站打地鋪危險。而且，三十銖實在便宜。先住下再說。

約好明天再見後年輕人回去，那人帶我去房間。

房間在三樓。說是三樓，其實是二樓屋頂上搭蓋的木板屋，樓梯盡頭就可以看到星星和月亮。木板屋內還有個走廊，左右各有兩個房間。

我的房間在左側裡面。房中央有張雙人床，正上方吊著一個電燈泡。房間裡面就只有這些東西，既無洗臉台也無廁所，也沒有門鎖，只是從裡面扣上的簡單門閂而已。

那人出去後，我試試躺臥的感覺倒在床上，只記得移動了一兩下身體測試彈簧墊的情況，因為太疲勞了，衣服鞋子還沒脫就陷入深沉的睡眠中。

妓女所在的城市

遠處傳來鼓樂聲。是作夢嗎？那聲音漸漸接近。樂隊一邊演奏一邊行進。對了，今天是泰國的節日，會有遊行吧……。

我想到這裡時，眼睛終於睜開。看看錶，已過上午十一點。真訝異竟然就這種姿勢睡了六個多小時。

我想洗臉刷牙。拿了盥洗用具走出房間，前面的房間敞開著。我無意窺視，但看到一個年輕女人躺在床上。我趕忙移開視線，走向木板屋入口的廁所兼洗臉台。

刮完鬍子，刷完牙，神清氣爽地回房時，剛才那女人站在走廊。明亮的光線下，她一點也不年輕，看似超過四十歲。因為頭髮長，身材嬌小而讓人產生錯覺。她只在胸前纏著浴巾似的布站在那裡。視線相交時臉皺皺地笑著。雖然鼻頭有點爛也不好看，但受到她那看似善良的笑臉吸引，我不覺也笑了。

「Sleep?」她笑著說。

我原先沒聽懂她說什麼，盯著她的嘴角，她指著房間裡的床，又重複一遍。

「Sleep?」

好像是問我要不要睡覺？

她好像是妓女。雖然才早上，卻問我要不要睡覺。我正猶豫該如何回應這唐突的招攬時，房間裡面跑出一個兩、三歲的男孩。手上拿著塑膠汽車。上半身穿著背心汗衫，下半身光著屁股，獨自在走廊玩。我雖然知道這不是一間正經的旅館，但也意想不到裡面還住著帶孩子的妓女。

「Sleep?」

她第三次重複同樣的話。我像做壞事後被掀了底般傻站在那裡。孩子在身邊，她怎麼做生意啊？當然，我無意和她睡覺，真是為閒事瞎操心。

「No.」我搖搖頭走進房間。

開窗一望，樂隊正好經過大街。程度只比小學鼓號樂隊略好一點，但演奏得很認真。

突然有人敲門，我以為是昨天的年輕人，因為他們說過中午要來。

開門一看，女人站著笑著。

「Sleep?」

熱心生意無妨，但這樣有點纏人了。

「No. No.」

我用力搖頭，但是她依然笑著。那時，我發現她的笑不只是諂媚，還有點脫線，好像腦袋的某根筋鬆了。仔細看她，皮膚已無光澤，鼻翼到兩頰有潰爛的痕跡。這樣子根本招不到客人。可能不只昨天，這幾天都沒有客人，因此拚命糾纏不休。我並沒有玩女人的多餘閒錢，先告訴她比較恰當。

「No money.」我說，一面翻出牛仔褲的口袋給她看。

這時，她聲音特別清楚地說：

「Money, No.」

不要錢？這也是手段之一嗎？

「I love you.」她說。

她知道的英語恐怕就是sleep、money、I love you三個了。我雖然這麼想，但她話語中的奇妙溫柔迴響令我混亂。

她突然解下掛在脖子上的墜子。動作遲鈍，怎麼也解不下來，好不容易解下來要給我看。

那一瞬間，綁在她胸前的布結鬆開，掉落地面。她赤裸裸地在我眼前。乾癟下垂的乳房、像是生過好幾胎的皺巴巴下腹、肉像被剜掉的大腿內側，身體比臉還淒慘。

但是我不能轉開臉。我拾起布片，接過她遞過來的東西。那是鍍銀斑駁的十字架墜子，不是什麼特別珍貴的東西。為什麼要給我看呢？

我慢慢看完，說聲謝謝還給她時，她拖著右腳回到自己房間，拿來一張紙片。交給我一看，是張割下來的聖母馬利亞畫像。

「I love you.」

她又說。聽起來比前次更溫柔。我看著馬利亞的畫像，聽著她說I love you，有種奇妙的感受。年華老去、帶著孩子且身體衰敗的妓女。是生病的關係嗎，拖著腳走路，臉部嚴重潰爛的妓女。我能因此而不拒絕嗎……

我自己也知道這是嚴重倒錯的想法，但是一旦起意，就不容易離開腦袋。我沒有慾望。但是，奇妙的使命感讓我身體發燙。

我正要招呼她。但那男孩比這還快地帶著汽車聲衝進我房間，爬到床上玩著汽車。看到他那樣子，我昂揚的興致慢慢消褪。心想，得救了！

樓下有年輕人和旅館男人講話的聲音，好像在問我的房間在哪裡。不久，除了少女，那四個男孩現身。他們正要進房間時，看到那個女人在裡面，嚇了一跳。

我怕他們誤解，但他們從現場跡象察覺好像沒發生任何事情，其中一個年輕人口氣嚴厲地要把女人趕走。我說不要緊，其他人制止我，做出她腦袋壞了的動作。

女人又恢復脫線的笑容，拖著腳回房。小男孩也環視我們的臉一陣，很快追著母親後面回去。

年輕人打算一整天都陪著我。可是我仔細一想，讓久未歸鄉的他們浪費假期陪我，實在過意不去。我在春蓬並沒有特別想做的事和特別想看的東西。此外，那個帶著孩子的妓女讓我毫無來由心緒低落。不知為什麼，我無法和年輕人暢快遊覽她在的這個小鎮。

「我想直接去宋卡。」

我告訴他們後，他們雖然遺憾，但也沒有強留我。他們大概也不知道如何招待我吧！付過旅館錢，走向車站。年輕人也一起跟來，幫我查火車時刻表。

這個時間沒有開往合艾的直行車，必須在索拉塔尼（Surat Thani）換車。從春蓬到索拉塔尼，快車不到三個小時的距離，慢車要八個多小時。反正到這裡坐的是慢車，就繼續坐慢車去吧！決定後，買了正午開往索拉塔尼的普通車票。在月台和他們告別時，心想不會再和他們見面了吧，有點感傷。

車廂空得難以想像昨晚的擁擠。我拿出書來，伸直了腿開始閱讀。書是岩波版中國詩人選集的〈李賀〉卷。不是我特別愛讀中國古詩，只是覺得一般小說或遊記一天就看完了，但是中國古詩好像沒有看完的時候。就算看完了，凝視其中的漢字，還可以天馬行空地盡情想像意境。〈李賀〉是本薄薄的書，卻比任何推理小說都要耐看。或許，帶本字典也不錯。

因此只要是中國古詩，是誰的詩集都無所謂，李白、杜甫、白居易、陶淵明都好。選擇李賀不過是個偶然，我在出發前幾天到書店去，想從中國詩人選集的架子上隨便抽出一本。不過，我手指搆到〈李賀〉卷的理由之一，是他二十七歲就過世。我也快二十七歲了。

李賀是寫下許多幻想詩篇的唐代詩人。據荒井健的〈李賀〉注，李賀被喻為「鬼才」，那是專為他而創出的名詞。在中國詩壇，李白是天才，白居易是人才，李賀是鬼才。符合鬼才的稱號，李賀的詩穿梭夢境與現實之間。正因為如此，特別難解。其他詩人的作品，多半可以望文生義，但是李賀的詩幾乎無法這樣理解，我看著漢字，又參照注解，還是不懂。看過翻譯，再回頭讀原詩，總算有一點了解。

李賀的心靈深處似乎抱著深深的虛無感，每一首詩看了都是昏暗陰鬱的印象，就連描述白天的景物也常常籠罩著一層淡淡的幽暗。但是，卻有斬裂那黑暗、閃光般的激情迸發的瞬間。那純真青年的悲哀充滿幽鬼和死靈跋扈的夢魘世界瞬間。

我讀著李賀，偶爾望望窗外的景色，向車站的小販買些水果來吃，悠閒地坐著開往索拉塔尼的慢車。

不久，黃昏入夜，太陽完全沉下後，月亮緩緩升起，是滿月。椰子樹蔭下散布著小沼澤，沼澤倒映著美麗的月光。

我打開書本，眼睛停在這段文字上。

月午樹無影
一山唯白曉
漆炬迎新人
幽壙螢擾擾

看完「月亮掛在中天，群樹無影，滿山泛著慘白的曉光。鬼火迎娶死去的新娘，幽深的墓穴裡群螢飛舞」的譯文，猛然抬眼，窗外有著美麗閃爍的東西。我湊近窗玻璃往外看，那是纏在鐵軌旁草叢中的無數螢光。我為這不可思議的巧合而心動，一直望著窗外有如數百、數千棵聖誕樹綿延不斷的光景。

3

到達索拉塔尼時是八點三十分。往合艾的夜車是十一點整開車。我趁這中間的空檔去吃晚飯。

火車站前只有幾家商店和電影院，非常冷清。我走進其中一家圓嘟嘟的姊弟經營的餐館。他們知道我是日本人時非常高興，為了做菜單上沒有的東西，特地到附近商店採購。我高興地等待他們做出美味佳餚，但端出來的是沒什麼不同的炒飯。蛋花、蔬菜之外的維也納香腸，大概是為我添加的特別作料。

在等飯吃的期間，我借看他們剛才看得入迷的雜誌，啪啦啪啦地翻著。那是泰國的電影雜誌，我訝異日本演員大量出現在彩色畫頁上。森田健作、竹偎無我、志垣太郎、近藤正臣……。森田健作和竹偎無我的人氣尤其高，報導的分量也特別多。餐館牆上也貼著竹偎無我的照片。

我吃飯的時候，附近的小孩都集中過來，好奇地望著我。姊弟告訴他們說我是日本人，會說英語單字的少年怯生生地問：

「你認識Takewaki嗎？」

因為有剛才瞄過雜誌，我立刻知道他說的是竹俁。

「認識。」

「朋友嗎？」

「不是朋友，但是認識。」

「那，不是朋友嗎？」

因為解釋起來太麻煩，我只好說是。

「Yes, Takewaki, my friend.」

於是，旁邊聽到我們對話的小孩叫著「Joudo」。另一個則說「kodokan」。竹俁無我主演的《姿三四郎》在泰國大為賣座，對鄉下小孩來說，好像只要是日本人，任何人都該認識竹俁無我，精通柔道，隸屬「講道館」門下。

「你也會柔道嗎？」

中學體育課時稍微練過，雖然不能吹牛說竹俁無我是朋友後還繼續吹牛，但我還是點點頭。

「Yes.」

「Kodokan?」

「Yes.」

那些少年一陣歡呼。接著一起呼喊，一個男孩不知跑去哪裡，不久帶來一個體格健碩的年輕人。

「誰啊？」我問。

說是泰國拳的準選手。小孩子們想看看我們哪一個強。我真想大喊救命。

我有點埋怨期待柔道和泰國拳決鬥的小孩，萬一我在這裡被打斷肋骨，豈不必須馬上回日本。我雖不想讓一心想打泰國拳的準選手看扁我，但還是用日語慎重地說講道館禁止私鬥。稍懂英語的少年只馬馬虎虎地說「很遺憾今天沒有時間」後，我才逃離那家餐館。

宋卡海灘

因為太累，一坐上開往合艾的火車就立刻睡著，睜眼時，只差十分鐘就抵達合艾。

清晨六點。合艾不愧是比春蓬和索拉塔尼大的城市。但是巴士還沒發車，下火車的乘客陸續坐共乘計程車四散離去。我以為計程車很貴，但到宋卡一個人只要六銖，於是坐上。

乘客一共四個人，都是要去宋卡。其中一位會說英語的婦女熱心地建議我，要住宋卡，就住海邊的沙蜜拉海灘飯店（Samila Resort Hotel）。我問她房錢多少，她不太有自信地說四、五十銖吧！她雖然住在宋卡，卻沒有住過。但就算是五十銖，這個價錢能住在海濱飯店仍是求之不得。我就拜託司機載我到沙蜜拉飯店。

不久計程車駛入宋卡街，乘客逐一下車。載著最後留下的我，計程車又開往海邊。

「那個！」

司機用手指著，我一看，糟糕！那是海岸最佳位置上唯一一棟外觀漂亮的白色建築。

司機多收我三銖到海邊的車資，我氣呼呼地走進飯店，我有不好的預感。飯店漂亮的休閒式裝潢看起來消費不低。我詢問櫃檯，果然，沒有空調設備的最便宜房間一晚也要一百二十銖，和日本的度假勝地比起來，一千八百日圓雖然便宜，但對還有漫長旅路要走的我來說仍然太貴。

可是，我又不知道該怎麼回到宋卡街上。真是麻煩。因為坐夜車來，想洗個澡，也想泡泡海水。大海看起來那麼平靜美麗。

我在大廳猶豫不決時，樓梯那邊走下兩名婦人。看了她們的臉，我心下一驚，是日本人。沒想到會在泰國這種偏僻海邊遇到日本女性。

那兩名婦人正要出去。一個中年，另一個像是她母親的老婦人。她們不是年輕女孩也讓我稍感放心，在經過我身邊瞬間，我叫住她們。

「妳們住在這裡嗎？」

兩人突然聽到日本話而大驚，「咦？」地回過頭來。

「這家飯店好嗎？」我重問一次已經知道的事情。

「呃……」中年婦女表情僵硬、警惕而曖昧地回答。我說明我是長旅途中偶然路經宋卡，不知道該不該住這家飯店，中年婦女終於了解般表情柔和地回答。

「是安靜，很不錯的飯店呦。」

對我來說，問題不是安靜，而在價錢，但我不想擺出這種姿態，反而有點虛榮地說那就好。老婦人也露出祥和的笑容。我突然不想和她們同住這家飯店了。

「沒想到會在這裡遇見日本人。」中年婦女笑著說。

她似乎住在曼谷，和先生一起陪同從日本來觀光的母親來到這裡。

她們出去後，我想了一下，還是住下。或許我是想再次聽到睽違許久的溫柔日語。

淋過澡，一身清爽地鑽到床上。剛洗過的床單觸感柔和。出門旅行以來，睡過的床單不是使用過度、軟塌塌的灰色棉布，就是不知多少人睡過、顏色微髒的毛巾被，眼前這床單的雪白竟讓我有些眼花。

中午過後醒來，吃過早餐兼午餐後，出去游泳。

飯店有游泳池。房客幾乎都在那裡做日光浴。飯店前長長的美麗海灘只有一個客人，這整片海與天只為兩個客人存在。我躺在沙灘上，覺得何其奢侈啊！

在火車餐車上認識的那個手上有刺青的人沒有騙我。他對除了天空與大海之外什麼也沒有的宋卡抱著幾乎渴慕的憧憬，或許真的是從事高危險度工作的人。

我在沙灘上曬太陽、下海泡水，來回好幾趟，盡情嘗夠陽光的強烈和潮水的辛辣後才回飯店。淋過浴後躺在床上又睡著了。

晚上，肚子餓得醒來。看看錶已經七點。晚餐本來打算到街上便宜解決的，現在似乎有點晚了。我在飯店餐廳裡點了最便宜的一份餐點。

斜前方的桌子坐著三個日本人。是早上見到的老太太、中年婦女和她先生。中年婦女發現我後笑著招呼。

「住進來啦？」

「是的。」

我好像成為他們的話題，她先生轉過身向我輕輕點個頭。我也回以寒暄後，他說，方便的話請過來一起坐！一夥人邊吃邊聊肯定比一個人默默吞嚥來得有味道。我高興地移轉座位。

吃完飯，他們約我喝兩杯。我們怕老太太累，先送她回房休息，然後三個人一起去飯店的酒吧。在那裡，我喝到實在久違的高級威士忌。雖然顧慮著別讓有意請我的對方覺得我貪杯，但回過神時已經乾了六、七杯。

第二天早上離開宋卡。

前一晚和那對夫妻在酒吧談到十一點。我盡情地說日本話，爽快地談起在香港和澳門的經歷。兩人都聽得有趣，說剩下的明晚再聽後，才各自回房休息。但是，躺在床上冷靜一想，再住一晚似乎不妥。我是有金錢方面的顧慮，但也有這種舒適飯店多住幾天後再也不想走進那些廉價旅館的不安。總之，我該前進一步到新加坡。我從床上坐起來，拿出馬來半島簡圖。查看一個小時後，決定先去馬春田他們讚不絕口的檳城。

早餐後，向他們三人打完招呼便出飯店。從宋卡搭巴士到合艾，車票五銖。從合艾坐共乘計程車到宋卡才只六銖，沒什麼大差別。在泰國，交通工具不必太拘泥於巴士，可以利用共乘計程車。這是我要離開泰國時才明白的事。昨夜的酒精還殘留體內，這趟旅行或許因此有趣，我獨自在巴士中笑著。

抵達合艾車站是上午十一點三十分。我詢問站務員開往馬來西亞的火車，卻不得要領。正感困擾時，旁邊一個穿軍裝的年輕人幫我奔走查問，他說十一點三十分有班開往國境的火車。現在已過了十一點三十分。大概來不及了。年輕人說你試試看。我當下決定，全速在車站內衝刺。不知為什麼他也陪著我跑，指給我看說是那輛車。我剛跳上最近的一節車廂，火車幾乎同時啟動。那年輕軍人好像自己趕上火車般高興地笑著。我揮揮手，他也跟我揮手。

資。

我心想太好了，但似乎得意得太早。因為沒買票就上車，車掌要我付出不當的高額車資。

在國境附近，車掌和移民局官員一起查票。我告訴他們我沒買票，要給多少錢？

「你要去哪裡？」

「檳城。」

「那就在北海（Butterworth）下車，再搭渡船過去。」

「謝謝。」

「二十銖。」可是車掌給我的紙片上並沒有北海的地名。怎麼看都像只能在泰國境內通用。這樣的話，二十銖太貴了。紙片角落寫著九銖的數字。因為覺得奇怪，我翻過來又翻過去地看，在旁邊查票的車掌突然找給我一銖零錢。那時我才發現可能上當了。

我在曼谷遭遇過一次這種情況。百貨公司的冰淇淋賣場賣著香甜可口的冰淇淋。我買了一個，遞給店員十銖，她只找我一銖。我認為冰淇淋不值九銖，還伸著手，她卻堅稱我只給她五銖。要是普通的觀光客大概就算了，可是我不肯善罷甘休，我請其他店員叫經理來。這時，她才恨恨地轉過臉去，丟給我五銖。

這個泰國車掌一定也會堅稱只收到十銖，我若爭取，他未必會還我那另外十銖。我像上次一樣留下不愉快的感覺。我不想在泰國旅遊的最後，為金錢而作醜陋的言語爭執，就把那十銖當作是給泰國的小費吧！

抵達泰馬國境的巴東勿刹（Padang Besar）時剛過十二點。月台上有棟小小的建築，在那裡接受馬來西亞入境審查。旅客除泰國和馬來西亞居民外，只有我和來自西歐的嬉皮共六人，相當冷清。

無聊蓋著章的官員背後牆上掛著英文標語。

「我們熱誠歡迎觀光客——嬉皮除外。」

遺憾的是，這些準備入境的人，包括我，都是一副嬉皮調調。

我擔心官員會找麻煩，但他只問了攜帶的外幣數量就簡單發給簽證。這是我第一次由陸路越過國境的經驗，平凡得毫無戲劇性可言。

我靠兌換錢幣、曬太陽來打發時間，終於熬到下午兩點，對面月台開出三節車廂的本地列車。

4

傍晚六點抵達馬來西亞的北海。

檳城是由馬來半島側的威斯勒地區和檳榔嶼兩個部分組成，很像九龍和香港島組成的香港。只是渡輪費是天星渡輪的一倍，時間也要十七、八分鐘。有趣的是，從半島這邊到檳榔嶼免費，從檳榔嶼到半島這邊時只要三角五分。馬幣一元約等於二百五十日圓，來回一趟不到四十五日圓。

渡輪靜靜滑過夕陽染紅的海面。從甲板上眺望漸漸清晰的檳城街道時，感覺那邊似乎有什麼有趣的事情等待著我。

船一靠岸，乘客魚貫下船，或坐計程車、或抓輛三輪車，散向街道四處。獨自留在海岸的我茫然佇立。我照例沒有任何關於檳城的知識。不知該去哪裡，但一直呆站著也不是辦法。我回過神，憑著直覺開步找尋鬧區。

檳城安靜得香港無法比擬。寬廣的馬路上三輪車自在地跑著。我晃著旅行背包走在沿海的馬路上，一輛三輪車靠過來。車夫是光腳踩著踏板的老人，他只穿件襯衫，看見肋骨浮起的胸，就如同文字形容的皮包骨，但從曬得黝黑的皮膚來看，他是個老練的三輪車夫。他慢慢踩著踏板和我並行，說著要不要坐之類的話。我不懂馬來語，但三輪車夫在這情形下應該不可能說其他的話。

「不，我不坐。」

我用英語說，老人出乎意外地用流利的英語回應。

「還是坐比較好。」

「謝謝，不過，我還是想走路。」

「你要去YMCA吧！」

「不……」

我要搖頭，他沒給我那個時間就接著說：

「你去YMCA。我載你去。但是YMCA客滿，你也住不到。這樣吧！我載你去非常便宜的旅館。好不好？」

「不用了，我要走路……」

「聽著，你沒了解我的話。YMCA非常非常遠，你走不到的，老年人不會說謊。」

老人或許真的像印地安人般不會說謊，可是我本來就無意去YMCA。

「我不去YMCA。」我說。

老人立刻接著問：「那你去哪裡？」

要是知道了也不會這麼辛苦。

「哪裡？任何地方都能載你去。」

我幾乎就要向他的磨功投降了，但一想到那副瘦削老人踩著踏板，年輕的我仰身坐在後座上的模樣，就是無法說：「好，我就坐吧！」

老人糾纏不放，我索性衝進路邊的文具店。一方面是為了擺脫三輪車，另一方面也因為信紙沒了，正想著要買。此外，也想觀察一下店裡的物品，知道馬來西亞，尤其是檳城的物價。從架上的筆記本和原子筆價格判斷，這裡物價比香港稍高，和曼谷差不多。

老人在店前稍微徘徊一陣，不久像是放棄而離去。我買了七角五分的信紙，走出店裡，繼續向前走。我憑著直覺向右轉，沒走幾步，就走到像是市中心的鬧街上。餐廳、服飾店櫛比鱗次，人潮閒閒來去。雖然沒有喧囂的熱鬧，卻有平靜的開朗感覺。

再次住進色情旅館

我在附近尋找旅館。從大街轉入一條小路，看到一間小巧整潔的飯店。一看到招牌上寫著GOLDEN CITY HOTEL。我想，黃金系列還是就在曼谷打上休止符吧！

再往前走，發現一間看似相當便宜的旅館。「同樂旅社」，大概是華僑經營的旅館，但總覺得它洋溢著和一般旅館異樣的氣氛。旅館前面是個寬敞的院子，更有甚者，是一樓的酒吧規模極大。

我站在街上盯著酒吧的門，經理模樣的人走出來。鼻下蓄著短鬚，矮矮肥肥。或許他覺得我的態度可疑，我主動開口問：

「可以住宿嗎？」

他像評定我身價似的打量我全身上下，然後慢慢地說：「日本人哪！」

那清晰的日語把我嚇一跳。

我點點頭，他又用日語問：「只住宿？」

「……？」

「幾天？」

我本來只打算住一兩天的，但突然對這人和這旅館發生興趣，回答說三、四天。我認為這樣說比較容易讓我住。

「六元。」他說。

「一晚？」

「一晚，六元。」

我腦中換算馬幣，六元是七百五十日圓，不算貴，但已成習慣的台詞說說無妨。

「太貴了，有更便宜的房間嗎？」

「五元啦！」他很乾脆地說。

我要他帶我去看房間，他用指頭做出跟我來的記號，走進樓下的酒吧。

酒吧內部微暗，三、四個女人在吧檯旁閒聊，還沒有客人。他要酒保拿出鑰匙，接過後對我說：「二樓。」

我跟著他上樓，走廊兩邊有幾個小房間。他打開最裡面那間的門，打開電燈。

沒有衛浴設備，大雙人床邊義務性地擺著茶几和椅子。這裡也不錯，如果是六元的，或許就有廁所了。

「六元的房間呢？」我問。

他泰然自若地回答：「這間啊！」

「那，五元的呢？」

「這間啊！」

總之，六元也好、五元也好，都是這一間。我滿喜歡他這種乾脆，想住下來看看。淋浴設備在走廊對面那端，和公用廁所一起。用水沖掉汗水後，換過襯衫，正要回房時，走廊中間那個房間走出一個女人。擦著濃濃的眼影，和我視線相交時輕輕抬起右手，開朗地說聲嗨，便下樓而去。

我躺在床上，想趁還沒睡意時去吃晚飯。我不知道馬來西亞菜是什麼口味，心想去馬來西亞人吃的一般餐館，一定有好吃又便宜的東西。

街上一樣熱鬧，每家餐廳都流洩出勾起人食慾的味道。我一間一間窺看，有以咖哩燉煮為主菜的店，也有供應烤肉的店。

其中一家是用番茄醬炒中國麵條的店。麵炒好後加上蝦仁、蛋花，端給客人，讓人看了忍不住食指大動，在等炒麵的時候，喝碗大鍋煮的咖哩魷魚。出乎意料地好吃，茄汁炒麵味道也不壞。價錢總共馬幣一元，一百二十五日圓。

我問茄汁炒麵的名字，老闆說是「miyawa」，依麵的種類好像還有「migowa」，或許該寫成「麵柔」、「麵剛」。有了這個，我在馬來西亞應該不會餓肚子了。

我在街上閒逛一個鐘頭後回旅館，五、六個年輕男女在院子聊天。女人好像是酒吧小姐。我經過他們身邊時，其中一個年輕人問我：

「你住這裡？」

「是啊。」

我一回答，在場的人一陣爆笑。

我聽而不聞他們的笑聲，逕自走進一樓的酒吧。看見外面打混的女人就知店裡面冷冷清清，但依然不見一個客人，不由得更驚訝。裡面的女人也都一副百無聊賴的樣子。

經理模樣的男人知道進來的是我後，誇張地聳聳肩。

「很閒哩！」

「就要忙了！」

但也不抱什麼希望的樣子。我覺得有點可憐，心想至少我可以點杯可樂，便對他說：

「可樂多少錢？」

「五角。」

我摸摸口袋，只有四角五分的零錢。我嫌要找開鈔票麻煩，不想喝了，這時他比我還先開口說：

「四角五分吧！」

我把硬幣排在吧檯上，酒保比他還快地把五分硬幣塞入自己口袋裡。然後向他露出抱歉的笑容。這裡的價錢究竟是怎麼回事？我喝著酒保倒給我的可樂，再次問他：

「可樂究竟多少錢？」

「五角啦。」

「可是、後來又說四角五分……」

「對，四角五分吧！」

可是，酒保不是把其中的五分錢收進自己的口袋嗎？我想這麼說，但因為腦袋有點混亂而作罷。

這時，坐在卡座裡的女人走過來。

「你從哪裡來的？日本？講英語嗎？我當然會呀。不過，你不像日本人，我以為你是泰國的中國人，很英俊呢！」

像是非常慣用的台詞，聽了也不會不愉快。我咧嘴一笑，她便輕昂下巴，「上去吧？」

果然！我隱隱感覺到，這裡也是那種旅館。

不管是從外面帶人進來或是在裡面就地找人，反正就是那種有問題的旅館。但是仔細一想，這本不是觀光指南上登載的正經飯店，而是本地人利用的超廉價旅館，它是野鴛鴦宿或是兼做賣春的旅館也是當然。

「我是要上樓，妳的房間？」我問。

她一副怎麼會問這麼無聊問題的表情，「當然呀！」

「可是，我在樓上有房間。」

「……？」她變成不解的表情。

「我住在這裡。」

「誰的房間？」

「我的啊！」

「你是新來的？」

我差點忍不住大笑。我在這裡能做什麼事呢？

「不是，只是在這裡住幾天。」

我這樣說明後，她還是有點不了解的樣子。這裡雖打著旅社的招牌，但是一般旅人難得到這裡只是投宿而已。她跟經理模樣的男人說話，總算弄清楚緣由。

「總之，你是客人吧！」

「算是吧！」

「這樣不是很好嗎？你的房間也行，走吧！」

「可是，我那房間是要睡覺的，不好意思，謝謝妳的好意。」

我開玩笑地說，她有點不好意思地笑了。

「得了，這個人，只是為了睡覺，感謝什麼好意……」

我不知道有什麼奇怪的，但隨著她開朗的笑，我也笑了。

「晚安。」我喝光可樂，一邊上樓一邊說。

她還是一副笑臉，爽快地說：「晚安。」

我興致勃勃地回到樓上房間。雖然很累，但因為太亢奮，絲毫沒有睡意。在來這旅館途中買的信紙上開始寫信。

　　此刻，我在馬來西亞的檳城。

　　住的是間奇怪而開朗的妓女戶。

但是寫出來一看，總覺得會引起朋友莫大的誤解，於是改寫第二行。

住的是間很有意思的奇妙旅館。

雖然不清楚什麼是什麼，但那種匪夷所思的感覺，等我連續寫幾天的信後他們就會了解的。

5

同樂旅社確實是很有意思的旅館。原本只打算停留兩三天的，結果延到七、八天。那裡如我想像的一般，客人先在一樓酒吧喝杯一元五角的啤酒，和喜歡的女人交涉，談妥後就上樓去女人房間辦事。小姐也會應召到外面的飯店，鬍子經理接到聯絡後，小姐便略事打扮，歡歡喜喜地出去。總共有六個小姐，都是開朗有趣的年輕女人。白天開著震痛耳膜的音量聽著收音機的歌謠，以為她們在吵架似的大聲閒聊。收音機裡有首熟悉的旋律，不覺豎耳傾聽，原來是中文版的〈瀨戶的新娘〉。一兩天後，我已經能將她們的臉對上名字了。

最先親切待我的是瑪麗。她雖然身材惹火，但是五官有點土氣，不太紅，性格也像外表般含蓄，站在艷麗開朗的其他小姐中間毫不起眼。

住進這旅館的翌日，去外面吃完午飯回來，一個女人呆站在前院。

「嗨！」

經過她身邊時我不經意地打聲招呼，她嘴裡冒出令我意外的寒暄。

「你好。」

是日語。我一驚，停下來問她：「你會說日本話？」

「一點點。」

打聽後，這家店日本人也來。當然不是觀光客，是日本企業長期派駐這裡的單身赴任員工。難怪，我終於明白那鬍子經理日語講得那麼好的原因了。

她似乎樂於用日語單字交談。這正是個好機會，我比出向她學馬來語的手勢。我在泰國已經證實，只要知道從一到十的數字和少數單字就能讓旅行輕鬆許多。

謝謝——to-li-ma-ka-shi.（馬來語發音）

你好——s-la-ma-pu-tan.

多少錢？——bu-la-pa-ha-lu-ga?

什麼？——a-pa?

哪裡？——de-ma-na?

名字叫 na-ma。

「a-pa、na-ma?」

我將剛學會的兩個單字湊在一起問，她笑著回答說：「瑪麗。」

因為有這份交情，瑪麗常常到我房間來玩。有時帶來水果和點心。聊天內容沒什麼特別，但送我東西吃很具吸引力。

不久，其他小姐知道我不是特定女人的客人、只是長途旅行途中下榻在此後，都覺得很稀奇，而對我表示親切，常常來我房間。第一天晚上邀我上樓的女人也來過，眼睛周圍像狸貓般黑黑的麗伊也會來。我的房間變成她們無聊時的休息處。

我原定兩三天的滯留延長一個星期以上，不只是因為和她們交往有趣。這裡不僅是開朗的妓女戶，也是開朗的痞子館。這些吃軟飯的年輕人都很有意思。

這家旅館除了三個年長男人外，還有六個年輕人。一個管帳，其他人只跑跑腿或是打掃，整天晃盪，不是睡覺就是下象棋。究竟這些人是幹什麼的？我好奇地問鬍子經理。他的答案很簡單。

「哦，是吃軟飯的啦！」

果然，仔細觀察後，他們是這樣沒錯。深夜客人走光後，之前在外面閒晃的年輕小伙子就回到自己女人的房間。女人的工作房間也是他們的窩。因此在週末時就會出現不知該說是悲劇還是喜劇的滑稽光景。

每到週末，客人總是遲歸，有的還會留宿。運氣不好、碰到客人一直留著不走的人，就只好在房間前面的走廊上搭個吊床睡。在自己女人和別的男人共度春宵的房間前面睡得著嗎……。看起來好像可以。我去廁所途中，看到他們鼾聲大作的睡相，驚訝得甚至有點感動。他們的開朗絲毫不輸那些小姐。

這些年輕人起初是和小姐一起、熟悉後就自己來我房間了。要說空閒，他們遠比女人多。到最後，甚至有到我床上暫時小憩的傢伙。

他們給我的檳城資訊極其正確而實用。這附近哪一家的沙嗲又便宜又好吃、到哪裡可以買到大麻等，他們好像沒有不知道的事。還有一個人告訴我哪裡有妓女戶後，就要約我去尋歡作樂一番，讓我感覺很怪異。

要說怪異，鬍子經理也是相當奇怪的人。

一天下午，我在房中寫信，聽見前院有人聲。從窗戶探頭出去，年輕人在下面叫我。他們圍著三輪車夫，好像在閒聊。我信也寫膩了，於是下去加入他們。

好幾輛三輪車和這家旅館簽有特別契約，送客人來時可以拿到一些錢。但這時候他們只是來這裡小憩，車夫一邊擦汗一邊喝果汁。

英語流利的蘭的男人說明叫我的理由。

「這個歐吉桑想知道日本玩女人要多少錢？」他這麼說，歐吉桑不知懂不懂英語，只是愣愣地點頭。

「美金？」

「我也不清楚……美金……大概七十元到一百元吧！」

「是，馬幣的話可能超過兩百元。」

我一說完，男人們嘆息。

「在這裡美金只要五元、最多也只七元……」

一個人說完，另一個制止他，「傻瓜，你不說十元不行嗎？」

「啊、你們不用擔心我，去問小姐，她們比你們清楚多了。」

我們說著無聊的話大笑時，出去辦事的鬍子經理回來。一看到拉車的歐吉桑，鬍子經理突然用日語說出驚人的話語。

「欸，這人有點傻，知道吧？」

「……」

「不過，他老婆一級棒，你要睡的話，這人的老婆Number 1。」

「在哪裡？」

「他家啊。」

我彷彿覺得他剛從那個家回來，盯著他的臉。

我不知道鬍子經理是開玩笑還是說真的。剛才還在談這拉車的老婆，突然又講起旅行了。

「要吸鴉片嗎？」

我以為他說的是大麻，就說那些年輕人告訴過我怎麼弄到，他說不是大麻，「那是小孩子用的。」

「大麻嗎？」

「對啊。鴉片要用煙管吸，有興趣嗎？」

「在哪裡？」

「我家。」

「鴉片，好嗎？」

「剛開始頭會暈，習慣後就輕飄飄的。」

用煙管吸就是來真的了。我不是不害怕，只是覺得這種經驗難得有。但我不是意志堅強的人，深怕經歷過從頭暈到輕飄飄的體驗後再也擺脫不了那種誘惑。我正煩惱該怎麼辦時，他突然又改變話題。

「在這裡工作吧？」

「……！」

因為太過唐突，我一時答不上話。旅行之後又談起工作的事。我驚愕他說出來的話，他卻格外認真，總之，是想找個能好好接待日本人的員工。

「你的日語不是很流利嗎？」我說。

他搖搖頭，「日本人看到日本人在、才放心。」

真是相當敏銳的觀察。的確，在異鄉生活的日本人是有看到同鄉在場就放心的毛病。經理要的不是通譯，而是只要有個日本人在店裡就好。但是日本客源多到需要雇用一個日本人嗎？我問。他說，現在雖少，但想增加些。

「日本人都是好人。」

大概來這裡的日本客人花錢大方、對小姐也不會做無理的要求吧！如果是這樣，經理想增加日本客人自是當然。想到這裡時，我突然想到，這也是他讓我住在這裡的原因嗎？

「你是好孩子，照顧照顧嘛！」

我答不上話，他像要我好好考慮似的輕拍我的肩膀，走進店裡。

和旅館員工變成朋友

我在這裡初次遇見鬍子經理說的「好人」的日本人，是星期六傍晚。

下午去參觀馬來西亞最大的佛寺極樂寺，和泰國寺廟非常相似的漫畫般色彩讓我掃興而返，在旅館前院迎面碰上正從酒吧出來的兩個日本人。

「啊啊……」

「欸……」

雙方不自覺地發出無意義的聲音，不久就笑著交談。他們是在泰馬國境建設水壩的建設公司職員，利用週末假期到檳城過夜。

「最大的目的就是來這裡。」一個坦然地說。

另一個苦笑地說：「晚上以前不想老老實實地待在飯店裡。」

他們知道我住在這裡後非常感興趣，約我明早一起吃飯。本來今晚也想一起吃的，但是他們還要去另一個地方，說著兩人又笑出聲來。

翌晨，我沒吃旅社的早飯，比約定時間提早二十分鐘出門。我在約定的十分鐘前抵達他們的飯店，他們已在大廳等我了，直接領我進餐廳。我難得一吃的自助式早餐撐得肚子好脹。

但是，餐桌交談並不因此而停下來。他們在超過攝氏四十度的酷暑中開闢叢林興建水壩的話題相當有趣。

這項工程是日本首相田中角榮遍訪東南亞國家時贈送的大禮，日本所有建設公司都為風險太大而裹足不前，一直找不到承包商。風險之一是建材價格暴漲，另一個是該區有反政府游擊隊出沒。建設公司尤其害怕第二個風險。結果，他們公司在有條件接受馬國政府軍的全面警戒保護才接下這個工程。但實際上，政府軍遠比游擊隊棘手。常常擅自使用公司車輛，把重要機材用壞，甚至在工作現場旁邊踢足球。

「每天都厭煩極了。」

但是工作本身並不令人討厭，比我年長一些的他們也是自願請調到外國的。

「出來還是好吧？」我問。

其中一個含笑答說：「只有知道那間旅館這件事好。」

的確，能知道同樂旅社對我來說也是幸運。

我和旅館的年輕人去看電影，和小姐去升旗山（Penang Hill）野餐。對已過少年時代、不太習慣一大夥人出遊的我來說，那是連自己都意外的舉動。他們毫無掩飾的開朗不知不覺中影響了我。

年輕人中特別照顧我的是瑪麗的男人。他人不錯，雖然有一看上我的東西就立刻說「給我好吧」的小毛病，但是個很好的聊天對象。英語講得比我還好。

他是華僑，但他自認是馬來西亞人，不是中國人。

「怎麼說我都是在這個國家出生成長的，根雖然在中國，但總覺得那是別人的國家，而且他們實施社會主義，我不太喜歡，還是民主社會好。中國，當觀光客去還可以，長住就免了。再怎麼說也是檳城最好，不論到哪裡，最後還是會回來這裡吧！」

想不想去吉隆坡呢？我問。

他誇張地皺著臉，「吉隆坡最差勁，不是人住的地方，你有錢就受歡迎，沒錢最好別去。檳城就不一樣，友善多了，你不覺得嗎？有沒有錢沒有關係，Penang is best。」

晚上，他到我房間來玩時，一時興起就批判起日本。望著我放在桌上的照相機，照例又說「給我好嗎？」我拒絕他，說這是朋友送的，他立刻死心，又開始談起日本的照相機。關於製品的性能和價格，擁有許多我都不及的知識。他讚賞日本製品一陣後，突然又批評起日本和日本企業。

「日本的企業很厲害。建水壩時都只用日本的建材和技師，開的工廠也都只是裝配廠，馬來西亞人什麼也學不到，只是提供廉價勞工而已。美國企業給的薪水多百分之五十，日本企業給薪就和本地企業一樣，甚至更低。為什麼要在這樣的公司工作呢？知道嗎？可是，馬來西亞沒有工作，日本人當這是施捨，只想到壓榨我們。」

我訝異他激烈的口氣，他越說越火。

「我這樣說，日本人一定說，馬來西亞沒有日本企業投資的話就糟了吧？我的回答是沒錯，接著那些傢伙就反問，為什麼馬來西亞年輕人要發起反日運動呢？他們根本不懂。

這不是『為什麼』的問題，而是『因為……所以』的問題，真是搞不懂，所以，我才生氣。」

他說的的確很對。當然，日本企業也有話說吧！只是，對日本人來說是「雖然……但是為什麼」的，對馬來西亞人來說卻是「因為……所以」，這個指摘很具說服力。那種微妙的感情差異有時候會引起意想不到的爆炸性結果。他的論點沒錯。我雖然這樣想，卻有著比不以為然稍微強烈的感覺。礙於情面，我容忍他那樣說。雖然我也知道那都是牢騷偏見，但漸漸無法忍耐。

或許確實如你所說。或許日本企業百般榨取馬來西亞，日本人榨取馬來西亞人。但是，我無法苟同你那樣不在乎地批評。你靠女人賺錢而活。如果是在日本企業就職的工人這樣批評，我會低頭默認，但是你……。

我想這麼說，雖然知道一說出來就完了，但我非常激動，怎麼也想不起英語的榨取怎麼說，我拚命地啊、嗚地呢喃時，他神色認真地擔心問道：「不舒服嗎？」

我體內緊繃的力量瞬間鬆弛，心想算啦！接著想，我感受到他那不合理的憤怒，對可能發生爭執的後果也無所謂，是否我已經視他為朋友了呢？

不只是他，其他年輕男人都是直爽的傢伙。男男女女一起去看香港的愛情喜劇片，回來的路上，既不懂華語也看不懂馬來文字幕的我，擅自向大家闡述我理解的劇情，引起哄笑，讓我有種遲了幾年才墜入青春漩渦中的奇妙感覺。

我自己也不知道要在這裡住到什麼時候。那天以後，經理沒再跟我提工作的事，但我覺得應聘住上一段時間也不壞。但這心情在某天下午蘭突然闖入我房間後完全改變。

她一進來就問，你是東京人？我點頭後，她又問是否可以幫她介紹朋友。

「為什麼？」

「我想去日本學化妝。」

她說，去日本的費用可以想辦法向朋友借，但沒準備在日本的生活費。不過去東京後在酒吧或酒廊找個工作應該不難。對她們來說，日本是憧憬的夢鄉。一定是日本客人向她們吹噓過銀座小姐日入數萬吧！

「不會那麼順利吧！」我澆她冷水。

她憤憤地說：「我要去，光是酒吧，人家就介紹了四個……」

「那不是很好嗎？」

「所以希望你介紹個人，以備萬一有事時幫忙。」

不行，這一定會出紕漏。來自異國的陌生女子突然找上門，任誰都會困擾的。我不在國內的時候，不能把朋友捲入這種麻煩。「抱歉，我不能介紹，如果要我的地址，我可以寫給你。」我說完，她噘著嘴說：「你什麼時候回日本？」

她這一問，我不覺陷入思考。雖說要從德里搭乘巴士去倫敦，可是我還沒到達出發點，還在馬來半島中央晃盪。實際上什麼時候回日本，想起來也茫然。

「這、差不多半年後吧……不，那還得看什麼時候到達德里……」我嘀咕著。

蘭誤解我是敷衍她，氣沖沖地走出房間。

剩下我一個人，茫然面對桌子，漸漸感到不安起來。我什麼時候才到倫敦呢？這裡雖是難以相信的有趣旅館，但不是可以長留一兩個月的地方。先去新加坡吧！連新加坡都還沒到，遑論印度。還是繼續前行吧！我強迫自己這麼想，翌晨，離開旅館。

配合火車時間，我一大早就離開旅館。昨晚因為生意很忙，年輕人到快天亮時才能進小姐的房間。我本想和瑪麗及她的男人打聲招呼，但走到他們房門前時打消念頭。不是因為他們睡著了，而是因為他們醒著。兩個人好不容易獨處了，前去打擾不好意思，我口中低聲說著「再見」，離開門前。

6

雖然是清晨，從檳城到巴東勿剎的渡輪乘客不少。

在甲板上眺望，船影縫隙處可以看到高高地跳出水面的魚，也可以看見水母悠悠漂游。朝陽緩緩上升。

搭上八點三十分巴東勿剎開出的火車。到吉隆坡約九個小時。這趟火車之旅感覺單調漫長。放眼窗外，可以看見大橡膠園連綿不斷、裸露褐色土地的露天採錫景觀。馬來西亞也有水田種稻，旁邊有已收割的田地。剩下的就是廣袤的森林，民宅點點散落其間，房子前面必定站著小孩，向火車揮手。

我高中時的英文課外書是威廉．薩洛揚（William Saroyan）的《人間喜劇》。這本以加州鄉下小鎮為背景的小說，從名叫尤利西斯的小孩對通過平交道的貨車揮手開始。

小孩向貨車司機揮手，但是沒人理他。獨自坐在最後一節車廂裡的黑人在唱歌。他也向黑人揮手，想不到黑人也揮手作答，而且大聲說，我就要回故鄉了。小孩的手一直揮到看不見火車為止。這時，扛著重物的老人沿著鐵軌經過。小孩也向老人揮手。但累得已無精力親切回應小小孩的老人直接走過去。小孩受到莫名的感情衝擊，奔向媽媽在的家裡……。

本來，這部《人間喜劇》的主人翁是尤利西斯的哥哥荷馬，因為這第一幕的印象太鮮明了，我看的時候老想著尤利西斯會不會有更多的出場機會。

馬來西亞的尤利西斯們也無心地向火車揮手。我一發現那身影，必定揮手回應。他們發現火車上的我時，表情更加燦爛，繼續揮到看不見火車為止。

單調的火車之旅中，只有這個時候感覺溫馨。

傍晚六點，車抵吉隆坡的中央車站。

畢竟這裡是一國之都。不能有像在檳城那樣閒逛發現旅館的天真想法。我在車站裡面叫住學生模樣的年輕人，問他哪裡有便宜的旅館。綜合幾個人的說法得知，一個在中國城，另一個在八德路附近。為了熟悉吉隆坡這個城市，我想刻意避開到處類似的中國城，到八德路找便宜旅館。

我從站前圓環轉入主要大街向北走約二十分鐘就是八德路，果然有幾家舊式旅館。雖然一樓也是酒吧，但檔次仍比檳城的同樂旅社高一點。

我問櫃檯有沒有房間，他瞥我一眼，沒好氣地說聲沒有。連續三家都遭到同樣的待遇，我只好放棄住八德路。其實不是沒有房間，在第三家旅館時，緊跟著我進門的白人夫婦並沒有預約，櫃檯職員也給他們房間。反正，他們是不想讓我這看似窮酸的東洋人住。

中國城在轉往車站的路上。我在馬來亞飯店附近找到一晚五元馬幣的旅館，付過錢，櫃檯二話不說就給我鑰匙。我為了吃晚飯，先到街上逛逛。

就像美國人稱洛杉磯為ＬＡ一樣，在馬來西亞，吉隆坡也簡稱ＫＬ。她的原文Kuala Lumpur中，Kuala意味著河口、Lumpur意味著泥土。城市中央是泥水混濁的巴生河（Klang），它和莪嘜河（Gombak）匯流的附近有座清真寺。

我朝著那個方向前進，對岸是燈火輝煌的大規模夜市，幾乎都是飲食攤。吉隆坡人也都帶著朋友家人一起來吃。我吃了沙嗲，也吃了炒飯。

我總覺得缺了什麼，不只是食物量，整個城市都讓我感到有所不足。吉隆坡具有華人、馬來人和印度人共同生活的多元種族國家首都的獨特氣氛。但是從清真寺說起，一切都太過小巧一致。也許因為在八德路遭到冷淡對待的關係，我覺得吉隆坡這個城市難以親近又缺少魅力。

翌晨，散步在吉隆坡街頭。確實是傳聞中綠意盎然的美麗都市，但也僅此而已。馬來西亞引以為傲的現代高樓群並不值得我為它們耗費一天的時間。

我在超市買了牛奶和香蕉，到布姬那那斯公園（Bukit Nanas）。那裡有座小高丘，有纜車可以登上丘頂。我打算一邊吃著早午餐，一邊從山頂俯瞰吉隆坡，如果喜歡就再多住一兩天。

我付了一元，坐上纜車，俯瞰吉隆坡城市。看見森林，也看見高樓群。美則美矣，但五分鐘就膩了。心想，在吉隆坡這就夠了。

前往麻六甲

回到旅館，請櫃檯的年輕人幫我查去麻六甲的巴士時刻表。下午三點有一班。我和他閒聊幾句，兩點半時離開旅館。

我以為巴士站很容易找到，沒想到怎麼也找不到。到處停放著巴士，但不知道哪一輛開往麻六甲。時間刻刻逼近。我問路過的印度裔少年，他親切地帶我過去。差五分三點正。我以為險些沒趕不上，其實錯了。我向少年道謝後正要上車時，司機冷冷地拒絕。

「沒位子了。」

這是今天開往麻六甲的最後一班巴士。剛才旅館的年輕人就說他不是很清楚，勸我搭計程車，可是我捨不得那一元的計程車錢，卻落得必須在吉隆坡再多留一天的困境，真是得不償失。我深受打擊，無力地折返來時路。

途中，計程車的拉客黃牛叫住我。問要不要去麻六甲？不是開玩笑吧！坐巴士只要三元，計程車誰知道要多少。吉隆坡和麻六甲之間的距離和東京到靜岡間差不多。我本想說不要，但脫口而出的是多少錢？

「六元。」

不會是六十說成六元吧！

「六十？」

「No，六元。」

我確認了幾次都是六元。

雖然四個人共乘，但只要六元，沒得抱怨。這等於是從東京到靜岡只要七百五十日圓，真是便宜得難以相信。我是會擔心被騙，詢問同乘者，確實只要六元。在馬來西亞和泰國一樣，利用共乘計程車既便宜又方便。

雖然只要六元就能把我送到麻六甲，值得感謝，但計程車司機是個驚人的速度狂，只用了兩個小時就跑完直達車需要三個半小時的路程。他完全不顧這是一輛快要壞掉的車子，不超車就不舒服似地一路飛車疾馳。半路上便輕輕鬆鬆地把無情拒絕我的巴士遠遠甩在後面。再加上有位可愛的華人姑娘，這六元的車資實在便宜。

抵達麻六甲時已經傍晚。我當下就決定住華僑經營的旅館「中央大旅社」，是家虛有其名的小旅館。開價六元，我殺到五元後住進去。

行李放進房間，我立刻走向海邊。

麻六甲是擁有東西交融的古老歷史城市。我明知是繞遠路，還是來到麻六甲，不是為了參觀葡萄牙人建的堡壘和法蘭西斯科．沙勿略（Francisco de Xavier）的雕像。只是想欣賞夕陽而已。我聽說麻六甲海峽的夕陽又大又紅。那是聽誰說的呢？好像是大學時代的西班牙文老師，又好像是作過船員的熟識插畫家。或許不是聽說的，而是從書上看來的。不管是哪一個，在我內心裡，麻六甲的夕陽不僅又大又紅，也無限美麗。

遺憾的是，此刻天空覆蓋著雲層，太陽藏起了臉。

來到海岸，沙灘前是片廣闊的草坪，小孩在上面踢足球。專心觀戰的大人旁邊排著好幾攤賣一杯一角的果汁攤販。我也喝著綠色的榨甘蔗汁，一起觀戰。

看了一會兒，發現奔跑的小孩都拉出長長的影子。是夕陽，夕陽露臉了，但是被樹林遮住看不見。我想看夕陽，全速跑向堤防。但是夕陽沉落的速度更快。氣喘吁吁跑到時，巨大的夕陽正落在水平線和凸出海面的岬角之間。

我暫時回到旅館，又為了晚飯出來。

心想這些天粗茶淡飯，有點營養不足，決定今晚好好飽餐一頓時，發現有家賣便宜套餐的西餐廳。從湯開始，炸魚、牛排、馬鈴薯、蔬菜、土司再加上冰淇淋和紅茶，不過四元。牛排雖然帶骨，湯味有點不對，但我一點也不在意。

滿足地吃完晚餐，閒閒逛到電影院旁。總共有五個館，分別放映印度片、美國片、香港片、法國片等各國電影。呆立半晌後，我走進放映李諾・班切拉的《黑街風雲》的電影院。

很高興麻六甲的人都像夜貓子，晚上九點開演的片子輕易地客滿。電影在這裡依然是娛樂王，分為三等的票價也極便宜，站票只要二角。

電影院內吸引我眼光的是大大寫在牆上的注意事項：

DENDA MEROKOK $5.00
FINE FOR SMOKING $5.00
吸菸罰款 $5.00
********* $5.00

最後那一行是印度文，我寫不出來。這注意事項鮮明地顯示出這是個多元種族組成的國家。

隱隱聞到法國的味道，回到旅館後直接上床，窗外傳來鳥聲。好像是海鳥在簷下作巢。雖然已過午夜一點，仍然不時聽到雛鳥叫聲。在麻六甲，連海鳥都熬夜。好不容易安靜下來，終於能夠睡了，也不過是短短的三、四個小時。在天亮同時，先是鳥啼狗叫，然後是強風拍打窗戶發出啪噠啪噠聲。

睡不著，起床開窗，下著好大的雨。我雖打算在麻六甲再多留一天，但如果不能盡情散步，也看不到夕陽的話，索性去新加坡較好。如果中午啟程，今天就能到達新加坡。

我對麻六甲不是沒有依戀。

昨晚看電影時，電影院加映了即將上映的預告片。片名叫《妲己》，看來像是傾城禍國的一代妖姬傳。銀幕上大軍在平原激戰的場面同時打出「動員數萬臨時演員」的字幕，雖沒寫出敬請期待，但預告片的做法很像以前令人懷念的東映武俠片。我是不太清楚，好像是女主角死前的最後作品（《妲己》為香港邵氏公司一九六四年作品，岳楓導演，女主角即當年自殺去世的亞洲影后林黛——譯注）。因為說是明天放映，應該就是今天開始上映了。

我想去看，但我還是決定去新加坡，查了巴士時刻表。從麻六甲到新加坡只有上午十一點整開的一班。趕不上的話就糟了，因此十點鐘就離開旅館。

雖然提早一個小時到，但車票還是賣完了。這回我在懊惱之前先去找共乘計程車。果然這裡也有候客計程車，巴士票價要五元五角，它只要八元。我高高興興地換坐計程車。包括午餐時間，到達新加坡約四個半小時。這四個半小時是我縱斷馬來半島之旅中最愉快的一段路程。

司機是馬來人，乘客有馬來中年婦女、華人學生、馬來生意人和我。那馬來生意人特別爽朗，自稱是鄧洛普公司（Dunlop）的職員，知道我是日本人時高興地說：

「Good-bye, sayonara, right?」

我點頭後，他就像唱歌似的說出他知道的日語。

「A-li-ga-to-go-za-i-ma-su（謝謝），o-hai-yo-go-za-i-ma-su（早安），kon-ban-wa（晚安），a-i-u-e-o, ka-ki-ku-ke-ko, sa-si-su-se-so……」

他看起來很年輕，但在第二次世界大戰中度過少年時代，受過日語教育。好像那時學的日語看到日本人的我時突然甦醒過來。他說那時看到日軍騎著腳踏車南進。正用英語說著鐵馬部隊的故事時，突然又迸出日語：

「Mu-ka-shi, mu-ka-shi, o-ji-san, do, o-ba-san, ga, i-ma-shi-da（很久很久以前，有一個老公公和一個老婆婆）……。你知道這是桃太郎的故事嗎？」

我說知道後，他就真的唱起日本歌了。

他一副歡天喜地的樣子。不管那個時代如何，日語畢竟和他的少年時代記憶結合著，那份懷念使他不斷地說出日語來。

「Ma-shi-ro-ke, fu-ji-no-ne……」

走調得很厲害，那豪氣開朗的〈雪白的富士峰頂〉在我聽起來反而帶著哀腔。

爽朗的鄧洛普先生唱完一輪日本歌後似乎膩了，開始問我問題。東京的人口、你的職業、新幹線的速度……。他的問題沒有一貫性，我用英語回答後，一下歡呼、一下嘆息、一下感傷，同時翻譯成馬來文給其他乘客聽。他不只開朗，還相當細心體貼。多虧了他在，計程車中的氣氛不知不覺間融洽起來。反之，當我詢問有關馬來西亞的問題時，他會和大家商量後給我一個最正確的答案。司機遇到他擅長的話題時也會回頭發表意見，讓人有點擔心，但我因此知道許多關馬來西亞的資訊。

一點左右，司機把車停在街邊的一家餐廳。大家圍坐同張餐桌，鄧洛普先生頗帶歉意地對我說，這一帶的餐廳可能沒有合我胃口的菜。

「沒那回事。」我說，

他搖搖頭，「非常辣，對不習慣的人來說太辣了。」

「不要緊，我喜歡吃辣。」

這時老闆娘來點菜，他們各自點好想吃的東西，只剩我一個人。我說可不可以點和你一樣的，鄧洛普緊張地說：「不行，對你來說太辣了。」

「沒關係。我能吃。」

他把我們的交涉轉知其他人，大家都一副不安的表情。但我還是堅持，鄧洛普只得為難地幫我點了。

不久，裝在好幾個小碟子裡的雞肉、蝦仁、魚、蔬菜和米飯端上來。除了米飯外，每道菜都和看樣子很辣的辣椒醬一起煮的。

我吃了一口，眾人都屏息望著我。

「好吃！」我先吃了雞肉後說。

眾人像鬆口氣似的笑開臉。真的很好吃，辣勁也沒鄧洛普恐嚇的那麼強。我連聲說好吃，忙著送進嘴裡。

但是，起初不覺得那麼辣的味道吃到一半時發揮勁道了。我渾身冒汗，周圍的人又擔心地看著我放慢進食速度。

既然之前堅持要吃，又怕讓他們覺得外國人吃不來馬來菜而失望，我拚命地繼續動口，深怕中途一停止就再也嚥不下一口了。

到最後，我甚至覺得辣氣已衝出頭頂，當我撐到最後一口，把東西都吃完後，周圍的人都發出一聲放心與讚賞交織的嘆息。

鄧洛普拍手叫好，大聲向老闆娘報告。大概是說這個日本年輕人說這裡的菜好吃好吃、通通都吃光了。老闆娘又對著廚房後面叫著同樣的話。一個老先生應聲出來，接著老太太、小孩子都出來了，好熱鬧。大家圍著我笑嘻嘻的。坐在我旁邊的華人學生到隔壁商店買來可樂，那位馬來婦女也向賣水果的少年買了荔枝請我吃。到了要走的時候，我要付自己的飯錢時，鄧洛普擺出一副別開玩笑的樣子幫我一起付了……。

之後的車中氣氛更加和樂輕鬆。問問答答、笑笑拍手中，在下午四點前抵達國境城市新山（Johor Bahru，即「柔佛」）。

我們在這裡接受出入境檢查。新加坡以討厭嬉皮出名，留長頭髮和髒亂鬍子的人可能被拒入境，我的頭髮一長就用刮鬍刀適當地割掉一些，因此毫無問題地獲准入境。

從新山隔著海峽，可以看見布滿南國陽光的新加坡高樓建築群。我想起從九龍眺望香港島時的感動。

第六章 海的對岸

新加坡

1

我在阿拉伯街一帶下車。不是我在那邊有什麼目的地，只是想在熱鬧地方下車，其他乘客商量後，認為阿拉伯街最適合。

我從一條街閒晃到另一條街，發現好幾家廉價旅館。但是問過以後，發現不帶衛浴設備的房價都要十元、二十元不等，相當貴。新加坡幣一元約等於一百日圓，一間房等於要一千多日圓，這樣我就無法長期居留。我繼續繞，找更便宜一點的旅館。

那一帶的景觀確實符合阿拉伯街的名字，街上有金色屋頂的清真寺，也林立著印度、中近東國家氣氛的商店。商店經銷的貨品幾乎都是布料和衣服，而且非常便宜。比泰國、馬來西亞、甚至香港都便宜。我問價錢，白襯衫只要三百日圓，白色T恤只要一百八十日圓。我正好必須補充短褲，於是買了一條。樣式和顏色不是沒得挑剔，但一條六十日圓的價格讓人心動，不覺又買了一條。

不久，來到河邊，過橋，再走一段路就遇上舊貨市場。就像歲末年初在東京世田谷區舉辦的舊貨市場一樣，但是規模和貨色沒得比。

一個歐巴桑在路邊鋪著半個榻榻米大的布墊就做起生意。排在上面的東西大致是：六支舊湯匙，整齊地排好；旁邊是三個壞鎖，和湯匙一樣擺得很整齊。另外是四把生鏽的剪刀、一支沾著顏料的硬邦邦畫筆。會有人買這些東西嗎？一定做不成生意吧！我一旁觀看，感嘆這世界果然很大，什麼人都有，一個中年男人買了那支畫筆不知做什麼用。

舊貨市場當然也有古董，經銷家具、佛具和錢幣的店內有相當多高級品。一家店裡賣著漂亮的懷錶。一八九四年瑞士製的，雖然不會走了，但錶面的文字很美。

「多少錢？」我問坐在店前的老人。

「二十元。」

大約二千日圓。我想要，但不能浪費，一時死了心，但又覺得無法忘念，走開一陣子後又折返，劈頭就問：「這個，十五元吧？」

老人慌忙回答：「不，十七元。」

我笑出來，老人發覺上當後也不好意思地笑笑。但是，看到他那善良的笑臉，覺得這樣欺騙老人家過意不去。我說待會兒再來後離開那店。心想改天再來以剛才說的價錢買下。

這一帶可以說是新加坡的秋葉原、美國巷或是淺草橋吧！是我邁向新加坡的絕佳起點。但是比起香港的廟街和曼谷的週日市場，這裡顯得小巧整潔，沒有江湖賣藥的和街頭表演，難免有些無聊。

成為前輩

我一看到像是便宜的旅館就走進去問價錢，都要十元以上。當我開始覺悟新加坡就是這個行情、只有無奈接受時，看到迎面走來的兩個白人，那身裝扮像是和我一樣的旅人。

「嗨！」

擦身而過時，我向他們打招呼，兩人同時回答：「嗨！」

我停下腳步問：「你們住在哪裡？」

「這邊過去一點的South Seas飯店。」其中一個慢慢用英語回答。

「那裡便宜嗎？」

「還好吧！」

「多少？」

「八元。」

「那不是很便宜嗎？」

確定是華人經營的旅館後，我這麼說。South Seas大概是南海的單純英譯，South Seas Hotel，也就是南海旅社，名字還不壞。

「有空房嗎？」

「大概吧！」

「我想去看看……」我說。

另一個人爽快地答應，「帶你去也可以，我們正好要回去。」

他們帶我去的旅館果然叫南海旅社，我問櫃檯的老太婆有沒有房間，她沒直接回答，反問我住幾天。

「兩三天……」

我像平常一樣含糊回答，她說那就預付三天的房錢。這種做法實在有些鴨霸，我差點想打退堂鼓，但揹著背包再四處尋找旅館也麻煩。

我看看房間，確定不是太髒後付了二十四元。

解開行李時，天色已黑，因為肚子餓，下樓時碰上剛才那兩人。他們也說要去吃飯。於是一起出去吃晚飯。

三人漫步在繁華街上，零星地交談。他們是紐西蘭人，今年都二十一歲。大學休學，帶著兩千九百美元出國。他們先到澳洲，一個星期前來到新加坡。因此，旅行經歷只一個月。若是這樣，那麼在年齡上、旅行經歷上，我都算前輩。

「打算去哪裡？」我問。

他們幾乎同聲回答：「環遊世界。」

聲音裡帶點驕傲的味道。

十字路口有好幾個果汁攤。柳橙、鳳梨、檸檬、甘蔗。果汁浮著冰塊排在一起。正好有點口渴，我問他們要喝嗎？他們一副不敢相信的表情。

「沒喝過嗎？」

看到我有點誇張的驚愕，他們靦腆地點頭。我立刻擺出前輩風範告訴他們，我不知道你們下一站要去哪裡，但至少在環遊東南亞時不喝這種飲料不行。不論到哪裡，這都遠比可樂或瓶裝果汁便宜，是所謂的國民飲料，是遍及東南亞全域的飲料。是茶，也是咖啡的替代品。如果鄙棄這種東西，應該無法做什麼了不起的旅行……。

其實這種果汁香港也有，那時我也很難接受。有點髒的杯子總會引起從小被灌輸的衛生觀念的過敏，但在曼谷口渴難耐時喝過一杯後便上癮了。對前面客人喝過的杯子只用臉盆水涮一下也沒有排斥感。或許是出來旅行後變得麻木些，但獲得某種自由的感覺更強。

我的經驗告訴想要環遊世界一周的他們，只能依賴可樂的旅行太不自由了。

我問忙著榨甘蔗汁的老闆一杯多少錢。他說一角。

「可樂呢？」紐西蘭青年問。

「四角。」

回答聲音很小。我要甘蔗汁，他們做出也喝同樣東西的手勢。甘蔗汁有獨特的青澀味，對他們來說是最難喝的飲料吧！看我喝完後，才像要吃藥似的一口喝光。

「如何？」我問。

一個大聲說：「Good!」

另一個表情意外地點點頭。我很高興，開玩笑地聳聳肩說，看！不是說過了嗎！

那時，不知哪裡飄來一陣香味。好像是不遠前的攤子。我慫恿他們過去，是間粥品店。我以為中國人早餐才吃粥，但在新加坡，好像晚上也吃。有各式各樣的粥店，感覺味道最好的是魚生粥。不知道是什麼魚，將魚片得薄薄的放在碗裡，澆上滾燙的熱粥。就只這樣，但對好幾個月未食生鮮好魚的我是絕佳美味。

「要吃嗎？」

我一說，他們又露出比剛才喝果汁前更不安的表情。魚腥味讓人卻步吧！我不管三七二十一地叫了一碗後，他們也嘗試地跟著叫了。粥如我預想的好吃。熱粥澆魚的做法實在絕妙，用煮或烤的不會這樣中間還稍稍夾生得恰到好處，就像五分熟的牛排般口感極佳，我先把魚片吃光。他們像看到奇異事物般愕然看著。他們最後連一半都沒吃完。

我覺得不好意思，提議到他們平常去吃的店。我好像還能吃不少。他們像是鬆了一口氣，帶我去的是沙嗲店，說是每天都吃這個。馬來式烤雞肉串對熟悉烤肉的他們來說，是最容易親近的食物。但新加坡是他們這次旅行的第一個真正的異國，和在香港時的我比起來，他們的旅行心態遠為僵硬。或者，只是我異常容易順應環境吧！

「你們要怎麼環遊世界？」我問。

他們輪流說明。先從新加坡到新山，北上馬來半島。抵達曼谷後，繞道周邊較無危險的國家。然後經由香港、台灣到日本。再到夏威夷，轉進美國本土。接下來的行程等到美國後再做決定。途中和我走的路線重疊之處甚多，我有意把旅遊東南亞國家體驗到的旅行智慧教給像是小老弟的他們。

我吃著沙嗲，同時用蹩腳的英語述說，食物以當地人吃喝的東西最是便宜美味，旅館方面若有困擾，到中國城找就好，因為那裡必定有便宜安全的旅館。

「此外，不必對旅途中遇到的人過分警戒，壞人企圖接近並欺騙你們的可能性不是沒有，但若因為害怕而拒絕所有關心，很可能也失去了深入新的世界、新的經驗的機會。」

說著，我談起香港的黃金宮殿，他們眼中開始露出讚佩的神色。我心情大好，更倚老賣老地繼續說。

他們明天早上離開新加坡，先搭巴士到新山，然後搭便車前行。

「總有一天會在某處再會吧……」雖然覺得不會再見面了，我嘴上仍然這麼說。

其中一個清清嗓子說：「我們明天一大早就走，大概不能說再見了。現在就交換一下地址好嗎？」

我高興地在他們的筆記本上寫了地址，嘀咕說很遺憾，你們來日本的時候我還沒回國，如果你們是反向環遊那又另當別論。然後隨口問道：

「你們打算花多少時間環遊世界？」

一個若無其事地說：「三年、四年吧！」

我大受震撼，停下寫字的手。沒想到他們是有那樣的心理準備才出來旅行的。我原以為最多不過一年半載。

（三年、四年……）

我內心反芻這句話，漸漸感覺奇怪起來。目前為止，我還打算半年左右就結束這趟旅行。半年後抵達倫敦，在那裡打封電報給朋友後就回國。但實際出來後，每個城市都想順路看看，時間超出計畫。儘管如此，半年後回國的想法仍像在腦中生根般沒有變化。因此，在我乘興東繞西繞中，日子以驚人速度過去，半年後可能到不了倫敦的焦慮也開始出現。

但仔細想想，其實不必那麼拘泥時間，我毫無半年後必須抵達倫敦的理由。一年、兩年，像他們一樣三年、四年也可以。我過去完全沒注意到這個單純的問題，只是一個勁兒地想著半年後、半年後，沒想到這樣的旅行可能用上一兩年的時間。

我彷彿覺得前途豁然開朗。我不需要急。去想去的地方、看想看的東西。這樣，回日本的時間或許晚了，但和心還留在外面而匆匆回國相比，是好是壞，我不知道……。

我想請他們喝酒，點了啤酒，老闆拿來商標為「錨」的啤酒。我和這兩個紐西蘭人約好再會後乾杯。的確是起錨了！

2

回到旅館，無事可做，躺在床上，一瓶啤酒的後勁十足，感覺醺醺然。在柔和醺然的感覺誘導下，茫然望著天花板，想起在日本的種種。從出發時的忙亂到好幾年前的遙遠事情，許多情景斷斷續續地浮現腦中。

沉浸在那強烈的懷念和記憶中，我這趟旅行的原因變得曖昧起來。或許不是曖昧，而是我從沒好好思考過我一心想走出日本、無論如何要走的心理。

真的，為什麼這樣做呢？我究竟為什麼在這裡呢……。

旅行的緣由

我是個自由撰稿人。開始寫報導文章完全出於偶然。我原來無意踏入這個世界，打算大學畢業後做一個普通上班族。實際上在我畢業前一年，就已內定要到總公司在丸之內

（東京金融中心）的一家企業上班。但是我們學校因為鬧學運而延遲畢業，進公司時是比一般人晚了三個月的七月一日。不過，那個就職日也是我的退職日。

為什麼只做一天就辭職了呢？別人問起我理由時，我總是說因為下雨的關係。我喜歡雨的感觸，喜歡雨中漫步。雨的涼意總是讓我心情愉快，我沒穿過淋不得雨的西裝。可是，上班那天正是梅雨時節，幾天前起就霪雨不斷。我那天穿著第一次上身的灰色西裝配黑皮鞋，手上還拿著傘。平常不是太大的雨我都不打傘的，那天怕淋濕西裝而打了傘。我夾在從東京車站朝著丸之內辦公街默默走向中央郵局十字路口的上班族人潮中，突然決定不要當個朝九晚五的上班族。這不是騙人。但我向別人說明時，總覺得應該還有其他因素才是。

接下報導文章的工作也是偶然。大學老師擔心我不肯就業遊手好閒，介紹我給雜誌社，試著寫寫文章。雖然不是我特地選擇的職業，但做了以後，出乎預料的有趣。借句演員訴說自己工作有趣時常用的話，是因為可以品嚐好幾類的人生。對我來說，報導文章作者的趣味和演員相同。為了了解一個世界，便進入那個世界，在其中生活。可以一再重複只是短暫、臨時的經驗。那種存在方式也像美國硬派小說中出現的私家偵探。一個老衰的酷酷主角說過這樣的話：

「我喜歡深入人們的生活後再出來。在固定的地方和固定的人生活，讓我覺得無聊。」

我們還能自由出入任何世界，只要保證出得來，再痛苦的世界裡的一切事情都會感到有趣。我不是什麼人，但是可以成為什麼人。這就是最大的樂趣。

剛開始工作時，我夢想中的生活是這樣的：把一個月分成三部分，其中十天採訪，十天寫稿，剩下的十天喝個酩酊大醉。或是以三個月為一個單位，一個月採訪，一個月寫稿，一個月喝酒也好，不論哪種，都要用三分之一的時間做自己喜歡的事。

那種夢一般的生活在一年以前都很順利。三個月接一份工作，可以不用為錢煩惱，也能盡情喝喜歡的酒。

我開始這樣子工作後，舒服愉快地過了三年。起勁做著我喜歡的工作，沒有不愉快。雖然工作量逐漸增加，無法允許我一整個月耽於遊玩，日子仍算輕鬆快樂。

但是，自從我的文章結集成書以後，狀況突然急遽發生變化。稿約紛至沓來。或許是當時非小說的年輕寫手還少。大家覺得稀奇，我的稿約多到真想使用「蜂擁而至」來形容的程度。我把重要的三分之一時間用來寫稿也應接不暇。我覺得不應該是這樣啊！

偶然踏進的世界，隨時出來都可以。我就是以這種心態支持我做喜歡的工作。我明明是業餘作家，但不知不覺間工作量多到變成職業作家的程度。我不想當職業作家，我怎麼也無法認同寫作是我的天職。我想，我應該還有不同的工作，還有不同的世界。

從那時候起，我覺得必須想辦法改變。

但是，為什麼要離開日本呢？即使不想成為職業作家，還是有其他的路可走，為什麼非要採取走出日本這種極端的做法呢？

原因之一是我踏入新聞界最初接觸的那位個性鮮明的人物，老是把男人二十六歲以前離開日本一趟較好的話掛在嘴上。為什麼是二十六歲，那只是他去美國時的年齡，但我對二十六歲這個數字留下奇妙的印象。那時，我就快要二十六了。但這趟旅行的契機不只是這個。

一切都要從我的信口託辭開始。人家來約稿，我不想接受，但不知怎麼拒絕才好，畢竟說不出口我不想當職業寫手。尤其是專程為我而來的稿約，更是不知如何開口拒絕。我只好編些謊話，說我就要出國，所以不能接稿。這個藉口很具說服力，任何人都能輕易諒解接受。有一陣子，我對每個遇到的人都說因為要出國……。但是這個拒絕方式也出現破綻。

當時，我的公寓裡還沒有電話這種文明利器，有急事時還是靠東京的父母家轉告。我每天打一次電話回家，確定一下有否工作聯絡。但是我以出國旅行為藉口後，「準備出國」不知不覺間變成了「已經出國」，到最後都有人打電話問我母親我「什麼時候回來」，不明所以的母親每次答覆都含糊其詞。有一次，她毅然決然地跟我攤牌。我也厭倦再辯駁或是撒謊，決定無論如何都要離開日本，不管哪裡都好，只要是外國就去……。

春天某日，我推拒所有稿約，也放棄做到一半的工作，把還沒花用的第一本書版稅全部換成美金，啟程旅行。

朋友勸我，工作好不容易步入軌道，不要輕言離開。但是我絲毫不怕被新聞界忘卻，比較起來，我覺得延期執行我「失去未來」的刑罰更糟。緩刑，正是我這趟旅行所期待的。

的確，我有點異想天開。想做從德里搭野雞車到倫敦那沒有什麼意義、任何人都可能做到，卻沒有去做的事。或許那不過是為了說服自己和別人的臨時理由而已。

我大概是想迴避。我害怕面對決定性的局面做選擇。說是逃避也可以。選擇報導作家之路也是不甘平凡就業之下的暫時應付之道……。

我雙手疊在腦後躺在床上，想到這裡時，似乎明白了那個雨天我從丸之內回家的真正理由。那單純只是想逃避而已，我害怕，並且逃避隸屬什麼，決定什麼。

我想起回旅館途中和那兩個紐西蘭青年交談的片段。

「旅行回來後打算做什麼？」

我不經意地問，兩人首次臉色一暗，低聲說：

「這個啊……」

「不知道……」

或許他們也是想爭取人生的緩刑時間而出來旅行。但不會因為出來了就一定找到什麼，甚至不能預測回去的事。不知道。除此之外，應該沒有別的答案。

這情況在我也是無甚大異。不知道，一切都不知道，有些人就是因為不知道才要出來看看。至少，我在離開日本這件事中，不僅察覺到我對決定或被決定的恐懼，也感覺到我是有那麼一點點慢慢接近那不明朗的未來的勇氣。

我視線追著天花板上臉部緊靠的壁虎，心想牠們是在愛的呢喃嗎？

3

翌晨，我早早起床，為他們送行。從那天開始，我也以南海旅社為據點，踩遍新加坡的大街小巷。

新加坡是想要大幅改變風貌而充滿活力的都市。到處都在拆毀舊的建築，改建新的高樓大廈。高級舶來品店和餐廳進駐已經完工的建築，四周散發著晶光閃閃的光彩。但對物質幾乎毫無興趣的我，法國、義大利的服裝或皮件再怎麼便宜，都覺得與我無關。

我逛過中國城，走過烏節路，參觀虎豹別墅，也再次去看蘇丹清真寺（Sultan Mosque）。

但是，每個地方都很無聊。都是其他地方也有的東西，而且都是小一號的迷你版。

尤其令我失望的是中國城。是受到近代化浪潮的激烈洗禮嗎？又小又窄，更糟的是沒有活力。我才待了五天就覺得無聊。

我去過毛姆（William Somerset Maugham）住過的萊佛士飯店（Raffles Hotel）喝紅茶，歸途中去看了電影。但是連續三天下來就膩了。正因為我對新加坡抱著很大的期待，因此失望也深。

享受家居之樂

有一天，我像往常一樣走出旅館，一邊閒逛，一邊想著今天要做什麼時，眼前突然浮起一個人名。離開日本前，一個朋友告訴我，如果到新加坡，可以拜訪這個人。我當時並沒打算順路來新加坡，也沒詳問聯絡處，聽聽就算了，這時卻覺得若是去拜訪他，這種無聊多少可起一些變化。

他是日本通訊社的特派員。我到附近一家飯店大廳查通訊社分社的電話號碼，鼓起勇氣撥過去。運氣真好，是他本人接的電話。我告訴他介紹的朋友名字，並說如果在忙的話，改天再打來，他笑說這幾天沒什麼大事，告訴我去通訊社的路怎麼走。

辦公室裡只有他一人。裡面意外地狹窄樸素，我們先不著邊際地聊了一下，知道我不是為採訪、也不是普通觀光，而是嬉皮式的寒酸旅行時，他興致盎然地問我這一路的情形。

說到曼谷之後的鐵路之旅時，他客氣地打斷我的話。

「今天我想現在就回家去……」

「……？」

看我一副很奇怪的表情，他趕忙補充說：

「這個行業雖然沒有上半天班的，但這裡週六多半是半天的。」

我感到狼狽不堪。今天是星期六。

旅行、尤其是幾個月的長旅中總會有得有失，最先失去的大概是「日期」的觀念！今天是三日也好，十七日也好，都無所謂。因為每一天大同小異。但暫時還有「星期」的感覺，知道今天是星期一還是星期五，過了星期天，知道又是一個星期過去。但漸漸地，「星期」感覺好像也失去了。不久，大概連「月」、「年」的感覺都會失去吧……。

我看看錶，接近下午兩點。在星期六下午到人家辦公室拜訪，是我沒常識。

我起身道歉準備回去，他更慌張地說：

「我不是這個意思，是打算到我家去繼續談。」

「可是……」

「還沒吃午飯吧！沒什麼好菜，但一起吃吧！」

我一度推辭，但他再三邀約，結果恭敬不如從命。他似乎了解我的客氣只是做做樣子，我有點不好意思。

他家在幽靜住宅區一隅、外觀典雅的一棟公寓裡。

一踏進房間，就看見一個艷麗的美女在寬敞客廳大聲追逐兩個小學生，嚇我一跳。那是他的太太和小孩。

我那天嚐到睽違許久的日本家常菜。飯菜確實好吃，難得的是餐桌的氣氛充滿溫馨。他不用說，他太太和小孩都沒特別當我是客人，但也不是完全無視我的存在。小孩喜歡調皮搗蛋，但教養很好，個性坦直，他太太很愛笑，偶爾生氣、又立刻笑出來，很像蘇菲亞羅蘭扮演的那種豪爽開朗的女人。我因為待得舒服，一直聊個沒完，在主人邀請下又厚著臉皮繼續叨擾晚餐。

我告辭時，他說：「打算在新加坡再待一陣子的話，可以退掉現在住的飯店。」

「……？」

「這附近有家便宜的好旅館。」

據他說明，這住宅區盡頭有個叫明星樓的酒吧，樓上是旅館。正派經營而且乾淨，有朋友來新加坡時都退掉預約的飯店住到這裡。價錢只要十五、六元，是大飯店的數分之一，他們都很高興。

「十五、六元嗎……」我嘀咕著。

我沒被這便宜價錢嚇到，他覺得意外，問我：「你現在住的多少錢？」

「一晚八元。」

「八元！」他驚訝地說，然後一副不該勉強我的表情。

八元和十五、六元接近兩倍之差。我迷惘著該怎麼辦時，在旁邊的他太太非常乾脆地說：

「搬過來吧！這樣吃飯也近，不麻煩。」

她好像願意每天供我吃飯。我很高興，興奮地說就這麼辦。

翌日，我從南海旅社搬到明星樓。明星樓雖然要十六元，但扣掉餐費，想起來還是便宜。在他家裡，不但三餐有得吃，和小孩玩球，也能自由翻看書架上的日文書。

擔任特派員的他帶我見識許多地方。訪問當地財經人士時也帶著我去，為我介紹賣和服給在南洋工作的日本女人而奠定事業基礎的綢緞莊老闆，參加他回國接受日皇贈勳的餞行酒會。

隔天，他又帶我去新山和蘇丹女兒聚餐。旅居新加坡的日本婦女合唱團在新山啟明學校舉行慈善演唱會，英語不太靈光的她們請他擔任通譯。演唱會結束後，蘇丹的女兒宴請午餐作為謝禮，他約我一起去。

蘇丹的女兒已經四十歲，短髮黑眸、很有魅力，稱得上是「馬來西亞的奧黛麗赫本」的漂亮公主。她引導我們參觀宮殿後，在可以看見大海的陽台享用紅茶和三明治。

但是，我對這位公主和對之前那位綢緞莊大老闆一樣，只簡單寒暄幾句便走開。要是在日本，我一定黏在當場應酬個夠。不知為什麼，我對他們毫無興趣。是好奇心在旅行中消磨殆盡了嗎？不，時間應該不致久到這種程度。那是為什麼呢？我絞盡腦汁，發現原因還是在於新加坡這個都市。對我來說，到處都感覺有所不足而缺乏刺激，因此好奇心也無法活潑地發揮作用。

他家雖然舒適愉快，飯菜也美味，但更加深我認為這個城市無聊的想法。

尋找香港的替代品

那天，在他家吃過午餐後，借了一本書到日本人墓園。不能因為那是寫「給女人的輓歌」的金子光晴詩集，就認為我有向在南洋打拚的女同胞那苛酷生涯致敬的心理。墓園最裡處是南方軍總司令寺內壽一和從俄羅斯返國途中死在印度洋上的作家二葉亭四迷的墓，四周是片舒適的草坪。我到那裡，只是想在樹蔭下涼快地看書而已。

坐計程車去是很簡單，坐巴士去則要走頗遠的路。頂著南國午後的熾熱陽光，襯衫被汗水濕透。終於來到墓園，穿過寂無人影的墓地走到裡面，我中意的地方已有先到之客。像是高中生的七、八個男女圍個圈圈快樂地說笑。不知是放學途中還是蹺課，但對他們來說，這裡肯定是避人耳目的最佳遊樂場。

我在距離他們稍遠的地方坐下，打開書本。

過去我幾乎不關心金子光晴。只知道他是在二次大戰中寫了《降落傘》等作品的反戰詩人。他的詩我也只讀過收入中學教科書上的〈海狗〉。當我漫不經心地從書架上取出金子光晴詩集，看到卷末附載的年譜、知道他幾乎流浪過和我同樣的地方時，突然產生興趣。金子光晴在他長達五年的放浪之旅中來過新加坡，他的旅遊路線正好和我相反，是從新加坡經麻六甲、吉隆坡到檳城。

實際讀他的詩，一字一行深深沁入我心。

這個人生，我什麼也不記得
那是雨的關係。
一滴，一滴地催我入眠
說不記得也無妨。

我眼睛停留在〈水勢〉中的長詩「雨之歌」的一節，高中生那邊突然有聲音傳來。

「你是日本人嗎？」

我說「是」後，像扣了扳機般，他們不斷發射問題過來。我在原地回答一陣後，不久就放棄看書，起身加入他們的圓圈。

他們又再問我各種問題。雖然有像是日本經濟成功的原因為何等即使看書也不見得答得出的問題，但他們關心的大致還是日本同世代的生活情形。話題廣泛，始終不著邊際，但了解在這裡漸漸嚴苛的升學競爭下喘不過氣、但絕不否定社會的新加坡年輕人的現實想法也很有意思。

和他們大聲說說笑笑中，我想起一個問題。

是昨天晚上。我一個人在中國城閒逛時，一個形跡可疑的人靠過來，用中文跟我搭訕。我做出聽不懂的動作後，他立刻不耐煩地走開。他的態度反而引起我的興趣，視線追隨著他，好像是在賣照片。隔一會兒，另一個賣照片的人靠近我。這回我什麼也不說，只做個給我看的動作，他非常神秘地從口袋拿出一張照片。我一看大驚，那不是限制級的色情照片，只是一條魚。但仔細一看，上半身是魚，下半身是人的腿。總之，不是人魚，而是魚人，但和尼斯湖的水怪照片一樣模糊。看到下半身某處微微發黑的地方，心想這或許也是一種色情照片，但我完全不懂為什麼必須掏錢買這種東西。我搖搖頭，他從另一個口袋拿出摺疊的報紙，上面登著和他要兜售的完全一樣的魚人照片。他的意思是，報紙登了所以不會是假，但是我更沒必要買影印的照片。要價一元五角。我再次搖頭，他乾脆放棄，走向別的行人。意外的是，本地人竟然買下這莫名其妙的照片。

這是怎麼回事？我問高中生，其中一個不怎麼有自信地回答說，那大概是阿拉伯海發現的人魚，但完全不知道為什麼要賣那個照片……。

我和他們這也不是那也不是地思索理由時，我突然發現這是完全沒有關係、單純得近乎愚蠢的事情。

（是啊，新加坡不是香港……）

想用言語表現我的發現時，我也只能這樣陳腔濫調一番。

新加坡和香港不同。我是頭一次發現，也似乎知道為什麼我覺得新加坡無聊的原因了。

我好像在新加坡尋求香港的翻版。因為香港太精采了，沒有一天沒有震撼心靈的亢奮，使得我想再度玩味一次那種狂熱的日子。但是，就算新加坡是個非常具有魅力的城市，我也不可能在這裡找到超越香港本尊的事物。不只是新加坡，在泰國、馬來西亞的任何城市，我都無意識地尋找香港。難怪一直覺得不對、不對。最大原因是這些國家都深受中國文化的影響，城市裡有許多華僑，讓我產生錯誤的聯想。然而，新加坡是新加坡，不是香港，東南亞的其他城市也不可能是香港。我在本來就具有完全相異性格的城市裡愚蠢地追求香港幻影。我若能發現和在香港不同的快樂方式，或許就能在曼谷、吉隆坡和新加坡過著更刺激的生活。但一切都已太遲了。旅行和人生一樣，是無法重來的⋯⋯。

思索這些只是瞬間。但我陷入自身相當深邃的地方，聽不見一個高中生和我說的話。坐在旁邊的女孩撞一下我的膝蓋，我才回過神來。

「嗯？對不起，再說一遍好嗎？」

我問面向著我的少年，他臉紅著重說一遍。

「新加坡之後再去哪裡？」

這個啊⋯⋯還沒決定⋯⋯我說著，這時，從沒想過的一個地名突兀地衝出口。

「加爾各答吧！」

我明明想著縱貫馬來半島後的下一站是德里，這個答案連自己都意外。加爾各答。我完全不知道那是什麼樣的地方，書籍和映像中總將它描述成有點可怕的城市，但也可能出乎意料的好。或許，要逃出香港的幻影，應該盡快趕到一個不屬於中國文化圈、明顯擁有另一種強烈文化風貌的城市。

大海對面的加爾各答瀰漫著和香港完全不同的氣味。加爾各答，是的，不壞啊⋯⋯。

國家圖書館出版品預行編目（CIP）資料

深夜特急第一班車：黃金宮殿／澤木耕太郎作；陳寶蓮譯. -- 三版. -- 臺北市：馬可孛羅文化出版：英屬蓋曼群島商家庭傳媒股份有限公司城邦分公司發行, 2024.08
面； 公分. --（當代名家旅行文學；MM1104X）
譯自：深夜特急第一便　黃金宮殿
ISBN 978-626-7356-91-3（平裝）

1. CST: 遊記　2. CST: 亞洲

730.9　　113008937

當代名家旅行文學

MM1104X

深夜特急第一班車：黃金宮殿

深夜特急第一便　黃金宮殿

作　　者❖澤木耕太郎
譯　　者❖陳寶蓮
特別版序翻譯❖周奕君
封 面 設 計❖廖　韡
內 頁 排 版❖張彩梅
總　策　畫❖詹宏志
總　編　輯❖郭寶秀
行　　銷❖力宏勳

事業群總經理❖謝至平
發　行　人❖何飛鵬
出　　版❖馬可孛羅文化
台北市南港區昆陽街16號4樓
電話：886-2-2500-0888　傳真：886-2-2500-1951
發　　行❖英屬蓋曼群島商家庭傳媒股份有限公司城邦分公司
台北市南港區昆陽街16號8樓
客服專線：02-25007718；02-25007719
24小時傳真專線：02-25001990；02-25001991
服務時間：週一至週五上午09:30-12:00；下午13:30-17:00
劃撥帳號：19863813　戶名：書虫股份有限公司
讀者服務信箱：service@readingclub.com.tw
城邦網址：http://www.cite.com.tw
香港發行所❖城邦（香港）出版集團有限公司
香港九龍土瓜灣土瓜灣道86號順聯工業大廈6樓A室
電話：852-25086231　傳真：852-25789337
電子信箱：hkcite@biznetvigator.com
馬新發行所❖城邦（馬新）出版集團
Cite（M）Sdn. Bhd.（458372U）
41, Jalan Radin Anum, Bandar Baru Seri Petaling,
57000 Kuala Lumpur, Malaysia.
電話：+6(03)-90563833　傳真：+6(03)-90576622
電子信箱：services@cite.my

輸 出 印 刷❖中原造像股份有限公司
三 版 一 刷❖2024年8月
定　　價❖400元（紙書）
定　　價❖280元（電子書）

ISBN：978-626-7356-91-3（平裝）
ISBN：9786267356968（EPUB）

城邦讀書花園
www.cite.com.tw